I0479627

O Pequeno Livro do Bitcoin

Por que Bitcoin Importa para Sua Liberdade, Finanças e Futuro

Timi Ajiboye

Luis Buenaventura

Alex Gladstein

Lily Liu

Alexander Lloyd

Alejandro Machado

Jimmy Song

Alena Vranova

Publicado por 21 Million Books
Redwood City, CA

Design e ilustração por Luis Buenaventura.
Ilustração "bloqueio venezuelano" por Timi Ajiboye.

First Edition (Ed. 01-PT-201912171802)

ISBN 9781676613282

Índice

Prefácio

Somos ativistas, educadores, empreendedores, executivos, investidores e pesquisadores. Nós somos da África, Ásia, Europa, América do Norte e América do Sul. Nós somos diferentes em muitos aspectos, mas somos todos fascinados pelo Bitcoin e pelo impacto que acreditamos que irá causar em nosso mundo e em nossas vidas.

Em março de 2019, Jimmy conversou com alguns de nós sobre a ideia de fazer um sprint de escrita, onde nos reuniríamos em um local isolado por alguns dias para escrever um livro sobre Bitcoin e sua importância para a sociedade. Dois meses depois, no Fórum da Liberdade de Oslo, nos reunimos em um terraço na Noruega, cercado pelo zumbido animado de ativistas de direitos humanos e jornalistas de todos continentes. A conversa inevitavelmente virou-se para Bitcoin e suas possibilidades de mudar o mundo. Alex incentivou o grupo a escrever um livro explicando por que o Bitcoin importa sem usar os jargões técnicos tão comuns em livros desse gênero. Queríamos ajudar as pessoas curiosas a entender o impacto humano de uma das inovações mais profundas do nosso tempo. Alguns meses depois, nós oito nos encontramos em uma casa na Califórnia para transformar esta idéia em realidade.

O que você tem agora em mãos é o resultado deste esforço de quatro dias. O objetivo deste livro é ajudar você a entender por que existem problemas no sistema monetário de hoje, por que o Bitcoin foi inventado para fornecer uma alternativa, como mudará a política e a sociedade e o que isso significa para o futuro.

Esperamos sinceramente que, ao ler este livro, você fique tão impressionado com o Bitcoin quanto nós.

8 de agosto de 2019
Redwood City, California

O Pequeno Livro do Bitcoin

Sobre os Autores

Timi Ajiboye é um desenvolvedor de software e empresário baseado em Lagos, Nigéria. Ele co-fundou e atualmente dirige a BuyCoins (buycoins.africa), uma exchange que permite africanos comprarem e venderem bitcoin facilmente em sua moeda local. Twitter: @timigod

Luis Buenaventura é co-fundador da BloomX (bloom.solutions), uma startup nas Filipinas que está trazendo a negociação segura de criptomoedas para os países emergentes. Um prolífico palestrante e autor, ele também é o criador do Cryptopop.net, uma iniciativa artística que está tornando a criptografia mais acessível à população em geral. Twitter: @helloluis

Alex Gladstein é o Diretor de Estratégia da Human Rights Foundation (hrf.org), uma organização sem fins lucrativos que promove liberdades civis e desafia o autoritarismo em todo o mundo. Ele também dá palestras sobre Bitcoin e governança para a Singularity University, e tem escrito sobre a intersecção da tecnologia e liberdade em veículos de mídia como a TIME, CNN e Bitcoin Magazine. Twitter: @gladstein

Lily Liu é uma investidora e empresária. Mais recentemente, ela foi co-fundadora e CFO d Earn.com, uma plataforma para ganhar bitcoin durante o tempo livre, que foi vendida à Coinbase em 2018. Antes disso, ela construiu um hospital na China, trabalhou na KKR e McKinsey, e estudou em Stanford e Harvard. Twitter: @calilyliu

Alexander Lloyd tem investido em startups em fase inicial desde 1998 e em 2008 fundou a Accelerator Ventures. Seu o primeiro emprego foi na Goldman Sachs, negociando moedas. Em 2016, ele ingressou no conselho da Human Rights Foundation, focado na Coreia do Norte. Twitter: @alex01

Alejandro Machado é um dos fundadores da Open Money Initiative (openmoneyinitiative.org), uma organização sem fins lucrativos que pesquisa como as pessoas usam o dinheiro em economias fechadas e em sistemas monetários em colapso. Ele está focado em melhorar o acesso a dinheiro digital para os venezuelanos. Twitter: @alegw

Jimmy Song é um programador, educador e empreendedor de Bitcoin. Ele é o autor do livro Programming Bitcoin (programmingbitcoin.com), publicado pela O'Reilly. Ele está focado em trazer uma moeda forte para o mundo. A cor do chapéu de cowboy de Jimmy indica de se ele planeja ser gentil ou maldoso. Sua impressão digital PGP é C1D7 97BE 7D10 5291 228C D70C FAA6 17E3 2679 E455. Twitter: @jimmysong

Alena Vranova desenvolve serviços financeiros de sucesso desde 2003. Nos últimos 7 anos, ela tem ajudado indivíduos e pequenas empresas a proteger as seus bitcoins com produtos e serviços não-custodiais. Em 2013, ela introduziu Trezor, a primeira carteira física de bitcoin, e ela atualmente dirige a estratégia na empresa Casa (keys.casa), fazendo segurança e soberania financeira pessoal de bitcoin serem acessíveis a todos. Twitter: @AlenaSatoshi

Os autores no terceiro dia do sprint de escrita.

Nota do tradutor

É raro encontrar uma nova tecnologia que não seja um simples acréscimo pequeno a um componente de um sistema muito maior. É o caso do Bitcoin. As implicações de sua criação têm reverberado em áreas tão abrangentes quanto economia, computação, política e direitos humanos.

Todo trabalho sobre tecnologia de ponta é, de certa forma, também um trabalho de tradução, onde o autor precisa explicar novas ideias e conceitos em uma linguagem comum ao leitor que previamente as desconhece. Um desenvolvedor, por exemplo, pega emprestado o conceito de carteira, algo físico e portátil que se usa ao fazer uma compra, para explicar a carteira de bitcoins, um software capaz de realizar pagamentos e guardar endereços de Bitcoin. Essas analogias permeiam todo linguajar técnico e nos ajudam a entender ideias novas.

Infelizmente, geralmente devido a particularidades das línguas, as analogias não são sempre facilmente transponíveis e a palavra pode acabar se popularizando em sua língua original. Outras vezes, ela se mantém no original por outras razões, como pela sonoridade ou por adicionar propriedades além da palavra original, como em exchange, que, da forma estabelecida hoje, a própria legislação brasileira não a vê como uma corretora ou bolsa, e a regulamenta chamando-a com o nome em inglês na Instrução Normativa RFB Nº 1888.

Mesmo bem familiarizado com o Bitcoin (inclusive como aluno do Jimmy Song), é um desafio escolher a melhor forma de se traduzir termos para deixar o livro tão agradável e claro a completos leigos e a outras pessoas também familiarizadas. Como sempre, há os custos de oportunidade. Como o objetivo do livro é ser um primeiro contato com o Bitcoin, meu foco principal foi tornar claro aos que não o conhecem, mantendo o mais próximo possível do original.

Dito isto, escolhi traduzir para o português termos técnicos como full node, onde temos um ganho de clareza para novatos, apesar de ter alguma estranheza de quem costuma usar o termo em inglês. Entretanto, acrescentei no glossário quando os termos são utilizados quase totalmente em inglês pela comunidade brasileira de Bitcoin. Afinal, não adianta entender o livro, se não conseguir conversar sobre ele no dia a dia. Além disso, também escolhi deixar todos os valores em dólares, por ser uma moeda mais forte e que flutua menos que o real, sendo mais fácil de fazer as comparações através dos anos.

Aproveite para visitar o glossário sempre que sentir necessidade.

Agora, aproveite este livro que abre um mundo completamente novo e impensável, até poucos anos atrás. Eu seguirei fazendo o possível para trazer o Bitcoin para perto das pessoas como a adição de uma lista de palavras em português para o BIP039.

Breno Brito
11 de novembro de 2019

CAPÍTULO UM
O que há de errado com o dinheiro hoje?

O ano é 1981.

Em Manila, chega ao mundo Luis, o primeiro filho de um jovem casal filipino apenas alguns meses após o fim oficial da lei marcial, em vigor há uma década. O ditador Ferdinand Marcos permanecerá no poder por mais alguns anos, mas, por enquanto, os pais de Luis preocupam-se apenas com o bem-estar de sua jovem família. Eles têm uma pequena conta poupança e começaram a guardar dinheiro comprometidamente pela primeira vez, preparando-se para os anos turbulentos à frente. A taxa de câmbio é de sete pesos filipinos para um dólar americano.

O ano é 1993.

Em Lagos, o general nigeriano Sani Abacha toma o poder e fixa o valor de um dólar americano em 22 nairas nigerianas. É um movimento agressivo que tenta estabilizar a economia, impedindo a naira de cair mais. A taxa de câmbio atrelada ao dólar gera um vibrante mercado underground, onde a naira é negociada a um valor muito menor. Na época da morte de Abacha, em 1998, os dólares mudam de mãos no mercado negro por até 88 nairas, quatro vezes a taxa oficial do governo.

Milhões sofrem por não poder mais pagar os preços crescentes dos alimentos com os salários estáticos do governo.

O ano é 2018.

Em todos os lugares ao longo da fronteira mal vigiada da Venezuela, os cidadãos fogem da hiperinflação recorde de 400.000% ao ano atravessando para os vizinhos, Colômbia e Brasil. Mais de 3 milhões já escaparam da fome devastadora e do colapso social.

Lorena, uma padeira de 48 anos, toma a difícil decisão de atravessar para a Colômbia. Na fronteira, os guardas vasculham seus pertences, procurando objetos de valor para confiscar. Eles não encontram nada. Eles não sabem que antes Lorena passou horas enrolando cuidadosamente notas de dólar em torno dos grampos de cabelo e escondendo-as em suas elaboradas tranças. Ela caminha para um novo país, com a cabeça erguida.

Em Manila, os pais de Luis veem sua sorte piorar. A taxa de câmbio agora é de 50 pesos filipinos por um dólar americano, fazendo a poupança construída pacientemente durante anos perder mais de 80% de seu poder de compra. Com a aposentadoria iminente, eles não têm escolha a não ser continuar trabalhando e economizando para um futuro implacável e imprevisível.

Em Lagos, a naira está em um breve período de relativa estabilidade, depois de perder outros 50% em relação ao dólar em apenas alguns anos. Os preços dos produtos locais dispararam novamente. Ninguém acredita que o governo possa impedir outra crise econômica, nem mesmo os próprios funcionários do governo.

O ano é 2019.

Em Xangai, uma jovem profissional chamada Annie envia uma mensagem para um de seus amigos no WeChat, a popular plataforma de mídia social usada diariamente por mais de um bilhão de chineses. O amigo dela menciona que está com problemas por fumar maconha e, no meio da conversa deles, ele de repente para de responder.

No dia seguinte, dois policiais à paisana visitam Annie em seu escritório e pedem que ela os acompanhe. Seus colegas a veem partir e ela desaparece por várias semanas. Quando ela finalmente volta a ficar on-line, não tem mais acesso a alguns dos recursos de pagamento do WeChat. Ela não pode mais comprar passagens de avião ou trem. Sua pontuação de crédito cai. Sua vida está arruinada por uma única série de mensagens de texto.

Em Oakland, Alex entra em uma loja de animais à procura de comida de cachorro. Ele encontra o que está procurando, além de um novo produto interessante, que promete fazer com que o hálito de seu cachorro seja mais agradável. Ele passa o cartão Visa do Chase para pagar pela comida e sai. Poucos minutos depois, ele verifica o Twitter e aparece um anúncio de guloseimas para cães exatamente como as que ele acabou de comprar. Ele descobre que o Chase compartilha informações sobre seus gastos diários com outras empresas.

Com um sentimento perturbador, familiar demais para os da geração dos smartphones, Alex percebe que os detalhes de sua vida pessoal estão sendo entregues aos anunciantes. Mesmo nos EUA, a privacidade financeira está desaparecendo.

Estas são histórias sobre como o dinheiro está disfuncional.

Os pais de Luis e milhões de outras pessoas da classe média filipina e nigeriana viram suas economias evaporarem em câmera lenta ao longo de uma única geração. Lorena precisou de uma maneira de levar suas pouquíssimas economias para uma nova casa na Colômbia sem ser confiscada, então ela foi criativa com seu penteado. Annie está agora na "prisão financeira" na China porque um de seus amigos fumava maconha. As compras de Alex são monitoradas e revendidas para várias empresas a cada pagamento com seu cartão de crédito.

Esses casos não são únicos.

Desde 2000, quase todas as moedas perderam valor significativamente em relação ao dólar. Muitos, como o rand sul-africano, o peso argentino, a lira turca e a coroa checa perderam quase 50%. Um infeliz punhado como a grívnia ucraniana e o peso dominicano perderam até 70%. Até o dólar e o euro perderam 33% de seu poder de compra nesse período.

Em todo o mundo, 250 milhões de migrantes e refugiados lutam para enviar seu dinheiro para casa ou levá-lo para novas fronteiras. Cerca de dois bilhões de pessoas não têm acesso a uma conta bancária ou não possuem o documento de identidade oficial do Estado necessário para obter uma. Em um mundo cada vez mais globalizado, o dinheiro permanece teimosamente local.

Enquanto isso, em supercidades como Xangai e São Francisco, a sensação desconcertante de ser observado é palpável. Por um lado, o Big Brother está assistindo. Por outro lado, o capitalismo de vigilância rastreia todas as compras e vende esses dados para dezenas de empresas sem a permissão do comprador. A privacidade agora é um luxo, cujo preço parece estar aumentando a cada dia que passa.

O que é dinheiro?

Na sua essência, dinheiro é uma convenção social.

O dinheiro exige que as pessoas confiem que as notas em suas carteiras, os dígitos em suas contas bancárias e os saldos em seus vales-presente possam ser resgatados no futuro em troca de coisas que elas desejem ou precisem. O vendedor precisa concordar que o dinheiro do comprador é valioso.

Ao longo da história, as sociedades experimentaram várias maneiras de conduzir essa convenção social, usando desde conchas do mar, sal e ouro até os complexos sistemas bancários centrais atuais. Alguns tipos de dinheiro são mais sólidos que outros, o que significa que eles mantêm seu valor melhor ao longo do tempo.

Instintivamente, todo mundo sabe que dinheiro é importante e deseja ter a moeda mais forte possível. Como a maioria das pessoas troca seu trabalho por dinheiro, ele representa o tempo e o esforço de uma pessoa. O dinheiro é o meio através do qual o trabalho é convertido em bens e serviços no presente e no futuro. Nesse sentido, o acesso a uma moeda forte é uma das formas mais duradouras de poder pessoal.

O dinheiro também é imensamente importante para o governo. Como as economias de hoje são organizadas por Estados-nação, os governos detêm o poder de controlar o dinheiro. No entanto, abusar do controle do dinheiro pode ser tentador. As autoridades costumam manipular esse poder para satisfazer seus próprios interesses. Somente os governos mais democráticos, que protegem os direitos individuais, a separação de poderes e o estado de direito, podem efetivamente se proteger contra abusos monetários, como inflação descontrolada, confisco arbitrário e corrupção.

Como Funciona o Dinheiro Moderno?

Todas as moedas nacionais em circulação hoje são denominadas moedas fiduciárias, cujo significado é "que depende de confiança". Em inglês são chamadas de fiat, que significa "por decreto" em latim. O valor dessas moedas é definido por decreto dos Estados-nação que as emitem e as aceitam. Como os governos podem criar mais unidades de moeda fiduciária a baixo custo, é possível imprimir dinheiro ad infinitum, sempre que quiserem.

Alan Greenspan, ex-presidente do Federal Reserve dos EUA, disse que os EUA podem "pagar qualquer dívida que possuam, porque sempre podemos imprimir dinheiro para fazer isso". Essa prática pode causar problemas, mesmo nas economias mais estáveis do mundo. A moeda nacional mais antiga é a libra esterlina do Reino Unido, que perdeu 99,5% de seu poder de compra nos últimos 300 anos. O dólar dos EUA perdeu 90% de seu poder de compra apenas no século passado. Um bife que custava US$ 0,36 em 1925 foi a US$ 3 na década de 90 e custa US$ 12 hoje. E estas são algumas das moedas fiduciárias mais estáveis que já existiram. A moeda fiduciária média tem uma vida útil de apenas 27 anos.

Inflação baixa e estável é a meta dos bancos centrais modernos, e houve períodos variados de sucesso, dependendo do país. No entanto, a maioria das moedas sofre com alta inflação a longo prazo, o que pode ser devastador para a economia. Isso é especialmente verdade para aqueles que não conseguem comprar ativos sólidos, como imóveis ou ações de grandes e sólidas empresas, cujos valores aumentam com a inflação. Uma inflação alta pode atrapalhar qualquer um a montar uma poupança para o futuro, exceto os ricos.

Para bilhões de pessoas que vivem sob regimes autoritários, o valor de suas economias diminui devido às decisões de burocratas não eleitos. Normalmente, somente a elite consegue acessar dólares, ouro ou imóveis para preservar valor. Enquanto isso, os cidadãos das democracias ricas desfrutam de algumas proteções importantes. Eles têm fácil acesso a uma moeda relativamente estável como o dólar ou o euro. Suas economias tendem a ter um bom desempenho, então é mais provável que tenham um emprego que pague bem ao longo do tempo. Eles também têm acesso a uma gama de produtos de investimento para compensar ou superar a inflação.

O efeito da elite de se beneficiar desproporcionalmente do dinheiro recém-impresso é tão predominante que existe um nome para ele: o Efeito Cantillon. É nomeado em homenagem a Richard Cantillon, um economista do século 18 que notou esse efeito enquanto trabalhava como banqueiro no Reino Unido. Inflação dramática ou em larga escala pode ser uma maneira injusta de distribuir riqueza, pois inevitavelmente beneficia os que já têm à custa dos que não têm. E, embora seus efeitos possam não ser evidentes para uma pessoa comum nos Estados Unidos ou no Reino Unido, eles são dolorosamente sentidos por bilhões de cidadãos em países com economias menos estáveis.

Os sistemas monetários fiduciários também foram facilitadores das prolongadas guerras da era moderna. Os governos podem imprimir mais dinheiro para a guerra, distribuindo custos para as gerações futuras via inflação. Isso significa guerras mais longas e mais caras. A Primeira Guerra Mundial é um exemplo trágico, pois os principais atores financiaram os estágios posteriores das guerras com inflação. Rússia e Alemanha suspenderam o padrão ouro, que estabelecia que suas moedas fiduciárias eram conversíveis em uma quantidade fixa de ouro. Em vez disso, suspenderam a conversibilidade e imprimiram dinheiro sem lastro para continuar lutando. Como resultado, a guerra acabou durando muito mais tempo do que se pensava ser possível. Quando a Alemanha perdeu, a única maneira de pagar as enormes reparações impostas pelos países vencedores era imprimindo ainda mais dinheiro. Em 1923, o marco alemão foi depreciado a um trilionésimo do seu valor antes da guerra, preparando o cenário para a Segunda Guerra Mundial.

Gastos irresponsáveis semelhantes também são evidentes nos últimos tempos. Independentemente do que se possa pensar sobre o envolvimento militar dos EUA no Afeganistão e no Iraque, os custos dessas invasões são superiores a US$

5,9 trilhões. Isso custaria mais de US$ 46 mil por família, se o pagador de impostos americano tivesse sido solicitado a financiar a guerra diretamente.

Outra questão do sistema monetário moderno é que pode ser extremamente difícil movimentar dinheiro entre diferentes nações do mundo. Governos em países como China, Rússia, Argentina, Brasil e Indonésia restringem agressivamente quanto dinheiro seus cidadãos podem trocar, transferir ou levar para o exterior.

Isso é feito principalmente controlando a capacidade de cada indivíduo de trocar sua moeda local por moedas estrangeiras como o dólar. O cidadão chinês médio, por exemplo, só pode converter até US$ 50.000 de seus renminbi por ano.

Em outras partes do mundo, até a capacidade de acessar o próprio dinheiro localmente pode ser severamente limitada. Após a crise financeira de 2015, os cidadãos gregos foram impedidos de retirar mais de 60 euros por dia de suas contas bancárias, um forte lembrete de que não tinham o controle de seu próprio dinheiro.

Mesmo quando as pessoas podem enviar dinheiro para o exterior, é complicado e caro. Em 2018, trabalhadores migrantes e refugiados enviaram quase US$ 700 bilhões através das fronteiras em remessas para apoiar seus entes queridos. Taxas de câmbio e tarifas consumiram US$ 45 bilhões desse dinheiro, uma quantia enorme para quem não tem dinheiro de sobra.

Um Ponto Único de Falha Global

Todos os bancos centrais representam um ponto único de falha para suas economias nacionais. O banco central dos EUA atua, de certa forma, como um banco central para todos os bancos do mundo. Para os americanos, esse arranjo parece funcionar muito bem. O dólar é aceito em todos os lugares e é fácil para a maioria deles abrir contas bancárias, obter linhas de crédito e pagar por bens e serviços. A maioria dos americanos não sofre visivelmente com inflação.

A economia dinâmica dos EUA ajuda a sustentar e alimentar o sistema econômico global de hoje. No seu cerne está o padrão dólar, uma hegemonia monetária global que começou com um evento pouco conhecido em um hotel de New Hampshire em 1944, chamado Acordo de Bretton Woods.

As potências globais organizaram uma reunião em Bretton Woods para estabelecer uma ordem monetária unificadora quando a Segunda Guerra Mundial chegou ao fim. Durante três semanas, mais de 700 delegados de 44 países debateram e negociaram a estrutura do futuro sistema financeiro. Alguns delegados sugeriram a criação de uma nova moeda de reserva internacional chamada bancor. Ao final, os delegados concordaram que suas moedas seriam atreladas ao dólar americano. Como resultado, o comércio internacional hoje é liquidado primariamente em dólares e todos os países tentam manter uma reserva de dólares.

A natureza central do dólar dos EUA no sistema econômico global é revelada na maneira como o dinheiro se move entre os países. Tomemos, por exemplo, o envio de dinheiro da Coreia do Sul para as Filipinas. Normalmente, não é possível que o won coreano seja trocado diretamente por pesos filipinos porque os dois países não mantêm o suficiente da moeda um do outro à mão. Em vez disso, eles dependem do dólar e de uma série de transações. Primeiro, o won coreano é vendido por dólares em Seul. Esses dólares são transferidos de um banco sul-coreano para um filipino através de um banco dos EUA. Finalmente, o banco em Manila converte os dólares em pesos filipinos. Isso leva pelo menos alguns dias e incorre em taxas de câmbio e transação, que podem variar de alguns por cento para rotas populares a dois dígitos para rotas menos populares. O custo médio global para esse tipo de pagamento transfronteiriço permanece acima de 7%, mesmo para pequenas remessas.

Embora o mundo tenha se beneficiado de várias maneiras com o padrão dólar, isso também resultou em uma fragilidade, a qual toda economia depende de alguma forma do dólar dos EUA e é vulnerável ao seu colapso. Isso resulta em um sistema em que um punhado de falências bancárias nos EUA pode levar a uma catástrofe econômica global.

O fim da privacidade financeira

A digitalização do dinheiro nas últimas duas décadas resultou em níveis cada vez menores de privacidade pessoal, com cada transação sendo agora explorada para controle político e potencial comercial. O dinheiro eletrônico existe há muito tempo, mas apenas recentemente há análise de big data sofisticadas o suficiente para efetivamente realizar a vigilância em massa. Compras on-line e físicas não são seguras, pois governos e anunciantes monitoram cada vez mais perfis de preferências, decisões e conexões de cada indivíduo. Esses perfis são como "pegadas digitais" de dados, exclusivos para cada pessoa, e se tornam mais refinados e facilmente identificáveis a cada nova compra. Isso nos levou a um mundo no qual uma pesquisa no Google por um produto pode resultar em anúncios no Facebook e Instagram para o mesmo produto minutos depois.

Dependendo da localização, as pegadas digitais pessoais podem ter repercussões perigosas. No verão de 2019, estudantes em Hong Kong se uniram às dezenas de milhares para protestar contra uma lei recém-proposta que permitiria ao governo chinês extraditar alguém para Pequim sem o devido processo legal. Eles sabiam que se usassem seus cartões Octopus vinculados à carteira de estudante para utilizar o sistema de metrô suas localizações seriam descobertas. Então, em vez disso, usaram dinheiro em espécie para comprar bilhetes de uso único. Essa é uma opção segura por enquanto, mas o dinheiro de papel e de metal estão a caminho de serem eliminados da maioria das grandes áreas urbanas na próxima década. Nesse ponto, não haverá como usar os sistemas de transporte público sem revelar a localização pessoal às autoridades e corporações. Pegadas digitais estarão por toda parte.

A reação do público ao rastreamento corporativo e governamental do comportamento dos gastos dos cidadãos varia. Alguns simplesmente acham isso perturbador, outros o consideram uma violação grave da privacidade, enquanto a maioria parece não se importar. De qualquer maneira, o fato é que, além de controlar a base monetária do país e para onde o dinheiro pode ser enviado, as autoridades agora podem aprender praticamente tudo sobre compradores e vendedores. Os sistemas de pagamento cada vez mais digitais do mundo podem inaugurar a extinção da privacidade pessoal.

Existe Outra Maneira?

Quatro fenômenos globais - a desvalorização da riqueza pessoal, a restrição da transferência de valor, a centralização financeira e a perda de privacidade - representam grandes riscos para o indivíduo à medida que ele navega pelo sistema monetário do século XXI. Pessoas de todo o mundo estão sentindo a pressão, enquanto os países lutam para manter o status quo.

E se surgisse um novo sistema no qual os governos não tivessem a capacidade de desvalorizar arbitrariamente o dinheiro, e as empresas impessoais não pudessem congelar os fundos dos usuários ou recusar-se a processar transações? E se o dinheiro fosse totalmente digital, capaz de ser usado por qualquer pessoa com acesso à internet de qualquer lugar do mundo sem precisar pedir permissão às autoridades?

No auge da crise financeira de 2008, alguém decidiu construir exatamente esse sistema, preparando o terreno para a próxima grande revolução financeira.

O QUE HÁ DE ERRADO COM O DINHEIRO HOJE?

CAPÍTULO DOIS
O Que é Bitcoin?

Em 15 de setembro de 2008, o renomado banco de investimentos Lehman Brothers entrou com o maior pedido de falência da história dos EUA. O colapso do Lehman Brothers, fundado em 1850, foi o ápice de uma farra de empréstimos globais. A empresa havia arriscado muito mais do que o valor total da empresa em títulos lastreados em hipotecas, incluindo muitos empréstimos de alto risco (subprime). Quando os proprietários dos imóveis deixaram de pagar suas hipotecas, a empresa ficou insolvente e não conseguiu se recuperar.

De repente, a confiança que os bancos haviam estabelecido no Lehman Brothers e um no outro evaporou-se. Em meio a essa crise de crédito, as empresas tiveram dificuldade em contrair empréstimos para financiar suas atividades. Sem fundos para comprar estoques, investir em novos equipamentos ou pagar funcionários, empresas de vários setores pareciam não conseguir continuar operando. Um ciclo vicioso rumo à catástrofe parecia iminente.

O banco central dos EUA e o Tesouro agiram rapidamente para evitar uma catástrofe econômica, emprestando dinheiro aos bancos para manter o sistema financeiro em funcionamento. Em 3 de outubro de 2008, o Congresso resgatou vários bancos problemáticos com a Lei de Estabilização Econômica de Emergência de 2008. O governo gastou centenas de bilhões de dólares para sustentar um setor financeiro em colapso.

Entra o Bitcoin

Em 31 de outubro de 2008, poucas semanas depois do governo dos EUA autorizar US$ 700 bilhões para resgatar os bancos, uma pessoa ou grupo de pessoas desconhecidas com o nome de Satoshi Nakamoto divulgou um documento técnico (whitepaper) descrevendo um novo sistema de pagamentos eletrônicos chamado Bitcoin. Satoshi apresentou o white-paper a uma lista de e-mails de pesquisadores de criptografia na internet chamada cypherpunks - um grupo de ativistas da privacidade que criam ferramentas para desafiar a vigilância e o abuso do poder estatal.

O whitepaper teve dois pontos significativamente intrig-antes. Primeiro, o autor optou por usar um pseudônimo. A identidade de Satoshi continua sendo um mistério de interesse popular até hoje. Segundo, o artigo introduziu algo que nunca havia existido antes: dinheiro digital que não dependia de uma autoridade central. Poucos imaginavam que um avanço desse tipo fosse possível.

Alguns meses depois, Satoshi lançou a rede Bitcoin e deixou uma pista do porquê em uma única linha de texto, incorporada à primeira entrada do livro-razão do Bitcoin:

The Times 03 / Jan / 2009 Chanceler à beira do segundo resgate aos bancos

Isso se referia a uma manchete que apareceu em 3 de janeiro de 2009 no The Times, um jornal de destaque do Reino Unido. A mensagem de Satoshi para o mundo foi que o sistema atual, onde os bancos foram resgatados às custas do povo, estava quebrado. A nova tecnologia financeira descentralizada do Bitcoin foi construída para ser uma saída.

Para entender a inovação científica por trás do Bitcoin, é essencial primeiro entender a escassez.

Os Dois Tipos de Escassez

No reino físico, existem duas formas de escassez. A primeira é feita pelo homem e, nesse sentido, artificial: itens colecionáveis como bolsas Chanel de edição limitada, cartões de basquete do Michael Jordan, raras safras de vinho ou obras de arte numeradas de um determinado artista. Isso também é chamado de escassez centralizada. Observe que esses itens tendem a ter problemas de falsificação.

O segundo tipo de escassez é natural. Esta categoria inclui sal (a origem da palavra salário), contas de vidro de Gana, conchas da cultura nativa americana, prata da China e, claro, ouro em todo o mundo. Estes são exemplos de escassez descentralizada e tendem a ser mais difíceis de se falsificar.

Não é por acaso que mercadorias escassas e descentralizadas, como sal e ouro, foram usadas como dinheiro. Primeiro, é mais justo usar uma mercadoria que não seja controlada por nenhuma pessoa ou grupo. Segundo, essas mercadorias são muito mais difíceis de se falsificar. Por fim, a escassez ajuda a manter as transações econômicas fáceis de realizar, pois não há necessidade de transportar quantias enormes para comprar algo.

O que diferencia as duas formas diferentes de escassez é o controle. A escassez centralizada é criada por uma empresa ou pessoa - seja o Banco Popular da China, o Federal Reserve, um artista ou uma grande empresa multinacional. Essa entidade, ou autoridade central, controla completamente a escassez de uma mercadoria por meio da criação, emissão, recompra e confisco.

Mercadorias escassas descentralizadas são criadas pela natureza, o que significa que não existe uma autoridade central que faça a mercadoria. Não há elaboração, pelo contrário, o processo é mais semelhante à coleta ou colheita. Para se conseguir uma mercadoria naturalmente escassa como ouro ou petróleo, um minerador extrai o que já existe no solo.

No caso do ouro, seu acúmulo historicamente não precisa da permissão de ninguém que não seja o proprietário de um local de mineração. Em outras palavras, não existe um centro do qual todo o ouro comece sua existência e nenhuma autoridade global com poderes para restringir a mineração ou aumentar a oferta.

Essa é a principal distinção entre produtos escassos centralizados e descentralizados, particularmente aqueles que são usados como dinheiro.

Por que a Descentralização Pode Ser uma Coisa Boa para o Dinheiro

Como mencionado anteriormente, uma das características inevitáveis do dinheiro centralizado é que o criador pode inflar arbitrariamente a base monetária, imprimindo mais por simples capricho. Embora isso seja feito com muito mais frequência e em maior extensão pelos regimes autoritários do que pelas democracias, é algo que ocorre em todas as sociedades.

No filme Bugsy, o protagonista, cujo nome dá o título à obra, vende ações em papel do cassino Pink Flamingo para investidores repetidas vezes. Para cada pessoa, ele vende 20% do cassino por US$ 10.000,00. Ele faz isso com mais de uma dúzia de investidores, deturpando quanto do cassino eles compraram. Cada investidor assume que agora possui 20% do cassino, mas na verdade possui muito menos. Bugsy, no entanto, se beneficia, pois ele recebe muito mais dinheiro.

Toda commodity centralizada enfrenta o mesmo problema de incentivos. A autoridade central pode criar mais da commodity, diluindo o valor para todos os outros proprietários.

Os bancos centrais que imprimem mais dinheiro geralmente o fazem com objetivos positivos, como construir infraestrutura, apoiar programas de assistência social ou estabilizar uma crise econômica. No entanto, lembre-se do Efeito Cantillon do Capítulo 1: mesmo o uso razoável desse poder pode resultar em benefícios para os ricos e poderosos em detrimento dos pobres e marginalizados. A capacidade de imprimir dinheiro cria um conflito de interesses.

Obviamente, a diluição também pode acontecer com dinheiro descentralizado. As novas tecnologias podem tornar mais barata a coleta de uma mercadoria rara que ocorre naturalmente e, como resultado, o mercado pode ser inundado com uma nova oferta. Uma vez que uma mercadoria perde sua escassez, torna-se muito mais fraca. É por isso que sal, conchas e contas de vidro não são mais usados como dinheiro. Cada um deles costumava ser difícil de ser coletado em grande escala, mas sua exploração se tornou extremamente fácil e barata por causa da inovação tecnológica.

O ouro é uma das poucas exceções e continua mantendo seu valor notavelmente bem, mesmo após milhares de anos de mineração. Embora o ouro tenha alguns usos industriais e decorativos, sua dificuldade histórica de mineração o fez um dinheiro relativamente sólido, cujo poder de compra estável o tornou uma reserva de valor muito boa. Ainda hoje, jóias de ouro são usadas em alguns países como forma de proteção contra crises econômicas. A principal desvantagem do ouro é sua materialidade e peso, pois seu armazenamento, segurança e transferência podem ser desafiadores.

Muitos defensores do Bitcoin acreditam que ele pode eventualmente vir a substituir o ouro como a reserva preferencial de valor para poupanças de longo prazo. Como este Capítulo mostrara, ele é descentralizado e mais escasso que o ouro, mas também muito mais fácil de transportar e armazenar com segurança.

Escassez Digital Descentralizada

Com o advento da internet, as informações puderam finalmente ser digitalizadas e distribuídas em larga escala. Copiar um arquivo digital é muito mais fácil e mais barato do que replicar algo no mundo físico.

A digitalização do dinheiro foi uma inovação necessária para o comércio eletrônico, eliminando a necessidade de transferência física. Tudo pode ser enviado na velocidade de um email ou de um carregamento de uma página da web, o que reduz o atrito e permite que o comércio seja verdadeiramente global. As versões digitais do dinheiro fiduciário são criadas pelos bancos e processadas pelas redes de cartões de crédito (Visa, MasterCard), empresas de varejo (Alibaba, Amazon, Apple) e até processadores de pagamentos nativos da internet (WeChat, PayPal, Square).

Como eles são os únicos árbitros de como seu dinheiro é usado, todas essas empresas podem censurar transações. Eles podem bloquear valores e cancelar contas, e muitas vezes o fazem sem o consentimento do cliente. Além disso, como são estruturas centralizadas, essas empresas costumam ser alvo de pressão do governo ou mesmo de ataques de hackers, que podem resultar na perda de fundos ou dados de clientes. Antes do Bitcoin, esse era o inevitável tradeoff do dinheiro digital: tinha que ser artificialmente escasso ou controlado pelas autoridades centrais. Não parecia haver uma maneira de criar escassez no mundo digital.

Satoshi Nakamoto revelou um avanço em 31 de outubro de 2008, apresentando o Bitcoin como uma nova moeda digital cuja escassez está enraizada no fato de que existem, sim, itens escassos no mundo digital: números raros.

Alguns dos números mais raros são números primos. Um número primo, como 2, 3 ou 5, só pode ser dividido por 1 e ele próprio.

Números primos ficam cada vez mais raros à medida que os números aumentam. Por exemplo, entre 1 e 100, existem 25 números primos. Você pode esperar que haja 250 entre 1 e 1.000, mas existem apenas 168. Eles se tornam incrivelmente escassos após 100 bilhões, tanto que continua a haver uma busca matemática global em andamento para encontrar o maior número primo.

Na rede Bitcoin, a produção de novos bitcoins ocorre através de uma competição global em que os participantes procuram números raros, de forma similar à busca de números primos. Isso permite escassez descentralizada no mundo digital. É isso que torna a invenção de Satoshi tão profunda. Todo ativo antes do Bitcoin era totalmente centralizado (ouro do World of Warcraft), físico (prata) ou infinitamente abundante (MP3s). Um ativo descentralizado, digital e escasso simplesmente não existia antes do Bitcoin.

Mineração de Bitcoin: Processamento de Pagamentos Descentralizado

A natureza descentralizada do Bitcoin é baseada no fato de que é uma mercadoria natural escassa como o ouro e é difícil de minerar. Assim como a mineração de ouro, a mineração de Bitcoin é a busca de algo muito raro no meio de algo muito mais comum. Uma vez que um minerador de Bitcoin encontra o número raro certo, esse número pode ser verificado de maneira barata e fácil por outras pessoas, assim como o ouro é relativamente fácil de ser distinguido do ouro-dos-tolos.

Em vez de usar picaretas e escavadeiras, os mineradores de bitcoin usam computadores poderosos para procurar números raros específicos. Uma vez encontrado, cada número raro é chamado de prova-de-trabalho, porque ele prova para todos que muito trabalho foi realizado para encontrá-lo.

Assim como no caso do ouro, nenhuma permissão de uma autoridade central é necessária para minerar: qualquer pessoa pode baixar o software de mineração de bitcoins para começar a procurar números raros que atendam aos critérios estabelecidos.

Ainda melhor do que a mineração de ouro: não é necessário um tipo especial de terra, apenas equipamentos de informática e uma fonte de energia acessível. Como resultado, mineradores de todo o mundo participam independentemente de uma competição para encontrar *provas-de-trabalho* que atendam aos critérios exigidos pela rede Bitcoin.

Assim, o Bitcoin é executado sem um ponto único de falha. Compare isso com sistemas centralizados. Se a rede Visa cair, ninguém poderá pagar nada com seus cartões Visa. O mesmo aconteceria com o Paypal ou a Amazon se suas respectivas redes fossem derrubadas. Diferentemente dessas empresas, o Bitcoin não tem uma autoridade central ou um ponto único de falha. Ninguém pode optar por censurar uma transação específica. A rede imparável de mineradores do Bitcoin fornece um serviço crítico, processando transações sem as vulnerabilidades de uma autoridade central.

Como Funcionam as Transações de Bitcoin

Então, como funcionam as transações de Bitcoin?

Para entender isso, considere algo que provavelmente é mais familiar: o sistema de contabilidade de um banco. Depois que alguém escreve um cheque para pagar por um bem ou serviço, o destinatário vai ao banco depositar o cheque. Supondo que os dois clientes tenham uma conta neste banco, o banco só precisa debitar a conta do remetente e creditar a conta do destinatário. Todo o processo requer a adição de apenas duas entradas no livro-razão do banco. Os funcionários do banco não entram no cofre, tiram o valor exato do estoque de moedas e notas do remetente e o colocam no estoque de moedas e notas do destinatário. A contabilidade usando um livro-razão foi uma invenção histórica essencial que tornou a transferência de dinheiro muito menos trabalhosa. Uma transação de bitcoin é o equivalente a um cheque bancário.

O Bitcoin opera um tipo especial de livro-razão chamado blockchain. Milhares de pessoas que executam o software de validação Bitcoin verificam o blockchain continuamente, em vez de uma autoridade central. Cada pessoa que executa o software mantém uma cópia de todo o livro-razão e verifica as novas entradas. Isso é chamado de rodar um nó completo. Cada nó completo faz uma verificação constante para aplicar as mesmas regras do Bitcoin e, dessa forma, nenhuma autoridade central pode editar arbitrariamente os registros para roubar bitcoin ou gastar bitcoin que não lhes pertence. O blockchain do Bitcoin é conhecido como um blockchain público porque qualquer pessoa pode olhar o registro de todas as transações.

Os proprietários de Bitcoin realizam transações da mesma maneira que fariam ao emitir um cheque. Eles especificam o valor e assinam o cheque. Mas, em vez de rabiscar seus nomes em um pedaço de papel facilmente forjável, os proprietários de bitcoin assinam suas transações com uma assinatura digital usando criptografia.

Essa assinatura digital é criada usando um segredo conhecido apenas pelo proprietário dos bitcoins. Esse segredo é chamado de chave privada. Com a chave privada, o remetente pode fazer uma assinatura digital que comprove ao destinatário que o remetente é o dono dos bitcoins.

Os usuários armazenam seus bitcoins em uma carteira, que é um software executado em um computador, celular ou hardware especializado. A cada segundo, novas transações Bitcoin são iniciadas a partir de carteiras em todo o mundo, mas não há um processador de pagamentos central. Em vez disso, mineradores de todo o mundo competem para registrar transações no livro-razão. Eles rodam seus equipamentos de computação e tentam encontrar um número raro específico. A cada 10 minutos, em média, um minerador de Bitcoin em algum lugar do mundo encontra uma prova-de-trabalho válida e a combina com um grupo de transações que estavam esperando para serem processadas, criando um novo bloco. O minerador então envia esse bloco à rede Bitcoin para validação.

Cada bloco é como uma nova página no livro-razão global do Bitcoin e os nós completos da rede verificam se as transações contidas nele são válidas. Como qualquer um pode rodar um nó completo, milhares de usuários estão constantemente verificando a validade de cada novo bloco. Se a rede confirmar que o bloco proposto por um minerador é válido, o minerador receberá uma recompensa de, atualmente, 12,5 novos bitcoins, e o bloco e todas as transações contidas nele se tornarão uma parte permanente da história do Bitcoin. Até o momento em que este livro foi escrito, uma transação típica de Bitcoin leva menos de uma hora para ser confirmada no blockchain.

A blockchain do Bitcoin recebe esse nome pelo fato de ser a coleção de todos os blocos, ou todas as páginas, do livro-razão. Em outras palavras, o blockchain é o livro-razão imutável de todas as transações que aconteceram na rede Bitcoin desde que foi criada em janeiro de 2009.

Existem milhares de nós completos que compõem a rede Bitcoin. Cada nó completo valida os blocos recém-propostos pelos mineradores independentemente. Os requisitos de hardware bastante modestos significam que a maioria dos laptops modernos pode rodar um nó completo de Bitcoin. Como rodar nós completos é relativamente barato e acessível, a rede permanece descentralizada.

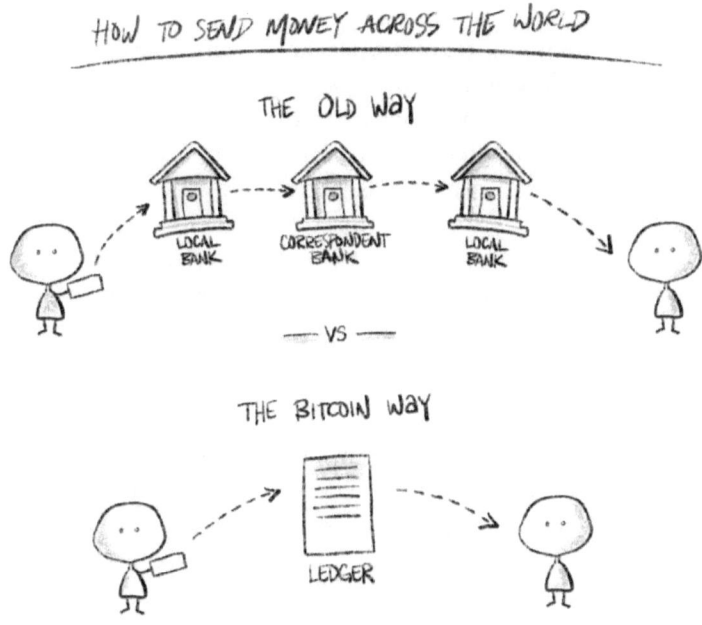

Política Monetária do Bitcoin

Ao contrário do sistema atual regido por bancos centrais, que é opaco e está em constante mudança, a política monetária do Bitcoin é transparente e imutável.

Como são emitidos novos bitcoins? Como mencionado, um minerador que encontra uma prova-de-trabalho válida e a associa a um grupo de transações válidas - criando um novo bloco válido - tem direito ao que é chamado de recompensa por bloco. Até o momento em que este livro foi escrito, a recompensa por bloco é de 12,5 bitcoins e ela cai pela metade a cada quatro anos, aproximadamente. Isso significa que a recompensa será de 6,25 bitcoins em 2020, 3,125 bitcoins em 2024 e assim por diante.

Se um minerador tentar trapacear e reivindicar uma recompensa maior do que recompensa programada por bloco, esse bloco será rejeitado por todos os nós completos que o verificarem. Os nós completos verificam todos os blocos propostos e aqueles que não seguem as regras não são colocados em seus blockchains. É semelhante a quando um banco rejeita um cheque que sai da conta do remetente. Como resultado, ninguém pode forjar bitcoins falsos. Qualquer transação fraudulenta que tentar gastar bitcoins que não existam e quaisquer blocos que contenham essas transações serão rejeitados pelos nós completos.

Um bloco inválido custa caro para os mineradores, pois ele é rejeitado pelo resto da rede e a grande quantidade de eletricidade que eles gastaram rodando seus equipamentos de computação para encontrar a prova-de-trabalho é desperdiçada. Isso torna a tentativa de fraude muito cara e protege a rede Bitcoin. Ainda assim, se houvesse apenas alguns nós completos na rede Bitcoin, um minerador poderia conseguir que um bloco fraudulento fosse incluído na blockchain subornando esses poucos nós completos. Como existem muitos milhares de nós completos na rede e como eles são geograficamente dispersos e desconhecidos um do outro, é quase garantido que essa estratégia falhará.

Satoshi estabeleceu no início que haveria um total de 21 milhões bitcoins. Hoje, mais de 85% de todos os bitcoins já foram minerados, o que significa que mais de 17 milhões estão em circulação. O restante será liberado como recompensa para os mineradores em pedaços cada vez menores, dentro de um cronograma conhecido publicamente.

Tecnologia Blockchain: Ainda à Espera

Muitos tentaram replicar o sucesso da invenção de Satoshi. Uma estratégia popular é pegar o sistema de registro de blockchain do Bitcoin e aplicá-lo a outros casos de uso. Desde 2014, muitas empresas conhecidas tentaram usar um blockchain em vários setores, investindo muitos milhões de dólares nesses esforços. Isso trouxe muita atenção para a tecnologia blockchain na mídia.

Até agora, infelizmente, a maioria dessas tentativas são comparáveis ao uso de uma empilhadeira para fazer compras de supermercado. O veículo funciona perfeitamente bem dentro de seu contexto original (armazenando o livro-razão de dinheiro digital descentralizado), mas parece muito lento, desnecessariamente ineficiente ou disfuncional para outras aplicações (por exemplo: sistemas de saúde no blockchain, rastreio de frutas no blockchain, dados climáticos no blockchain, etc.).

Bitcoin é uma combinação de quatro componentes importantes, dos quais o blockchain é apenas um. A primeira é que o bitcoin é um ativo digital escasso. A segunda é que o bitcoin é uma rede peer-to-peer de nós completos que não podem ser derrubados ou censurados. A terceira é que a mineração de Bitcoin exige a descoberta de números válidos de prova-de-trabalho, tornando a tentativa de fraude muito cara. A quarta é que o Bitcoin tem um blockchain que é completa e publicamente auditável. Esses quatro componentes são totalmente integrados e, quando uma parte é removida, o resultado é algo muito menos útil.

Para um ativo puramente digital como o Bitcoin, usar um blockchain como um registro público funciona. Tanto a sua criação como todas as suas transferências são perfeitamente registradas e infalíveis. Mas para objetos do mundo real, como grãos de café ou registros médicos, não há como garantir que as informações sejam confiáveis, pois sempre há a possibilidade de erros durante o registro de dados no sistema por negligência ou até mesmo completa má intenção do operador. Portanto, uma autoridade central deve estar presente para garantir todas as informações, o que anula a necessidade de um blockchain, por princípio.

No entanto, enormes somas de dinheiro foram investidas na tecnologia blockchain em busca de casos de uso além do dinheiro descentralizado. Até o momento em que este livro foi escrito, ninguém foi capaz de criar um sistema de manutenção de registros em larga escala usando um blockchain que melhore significativamente ou até alcance paridade com abordagens mais tradicionais.

E as outras Criptomoedas?

As pessoas não tentaram copiar só o blockchain do Bitcoin; eles também tentaram criar outras criptomoedas, assim chamadas porque os remetentes dessas novas moedas digitais usam assinaturas digitais para assinar transações, assim como o Bitcoin. Geralmente chamados de altcoins ou tokens, esses projetos não são descentralizados e muitos são definitivamente golpes. O Bitconnect é um exemplo famoso de fraude de criptomoeda.

Um punhado de criptomoedas pode ter casos de uso legítimos. Isso inclui o Monero (XMR) e o Zcash (ZEC), que visam permitir que os usuários realizem transações de maneira mais sigilosa que o Bitcoin, ou Ethereum (ETH), que é usado para tentar criar plataformas de aplicativos blockchain. Grandes empresas também estão fazendo experiências com criptomoedas. O Facebook anunciou a criptomoeda Libra, que tem potencial para se tornar muito popular devido aos bilhões de pessoas que usam os serviços do Facebook. No entanto, Libra é centralizada por natureza e não terá resistência à censura, nem a escassez do Bitcoin.

Vários grupos tentaram copiar o sucesso de Satoshi de uma maneira especialmente descarada e criaram criptomoedas cujos nomes contêm a palavra Bitcoin. Como tal, muitas vezes há confusão sobre qual criptomoeda é realmente o Bitcoin. Para distinguir, procure o símbolo BTC nas *exchanges* e carteiras. Variantes do Bitcoin são como o ouro-dos-tolos; eles podem parecer semelhantes, mas são muito mais centralizados e têm um preço muito mais baixo. Isso inclui Bitcoin Cash (BCH), Bitcoin Gold (BTG) e Bitcoin Satoshi's Vision (BSV).

Resumo

Bitcoin é uma profunda inovação de engenharia da computação que oferece uma nova alternativa ao sistema financeiro existente.

Bitcoin é dinheiro digital fácil de se transacionar em todo o mundo, uma vez que é liquidado em minutos, em vez de dias.

Bitcoin é um ativo escasso, que protege contra a ameaça de inflação arbitrária.

Bitcoin é descentralizado, impedindo que alguém censure pagamentos.

Bitcoin é o único dinheiro descentralizado e digitalmente escasso do mundo.

Bitcoin tem o potencial de alterar a ordem monetária atual.

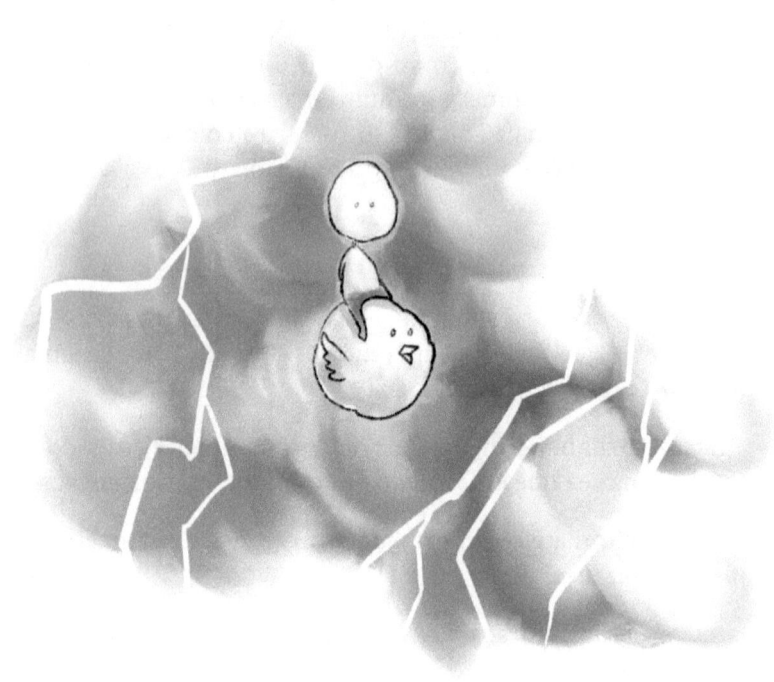

CAPÍTULO TRÊS

O Preço e a Volatilidade do Bitcoin

Aviso: Os autores deste livro não são profissionais de investimento. Este capítulo propõe possíveis razões para o movimento dos preços do bitcoin e a volatilidade geral, mas não contém recomendações de investimento.

Todo mundo quer saber: por que o bitcoin é valioso? Por que o preço aumentou tanto? Por que é tão volátil? Por que o bitcoin vale alguma coisa se, ao contrário do dólar americano, o bitcoin não é garantido por uma economia ou, mais cinicamente, por ameaças de multas e prisão?

O preço de um ativo se move quando há um desequilíbrio entre compradores e vendedores. Para o bitcoin, esses desequilíbrios são causados por alguns fatores que diferem nas perspectivas de longo, médio e curto prazo.

A Perspectiva de Longo Prazo

Na última década, o preço do bitcoin aumentou de uma fração de um centavo de dólar para uma alta de quase US$ 20.000,00. O preço agora em agosto de 2019 é de quase US$ 11.000,00.

O Preço do Bitcoin da criação até hoje (Escala Logarítmica)

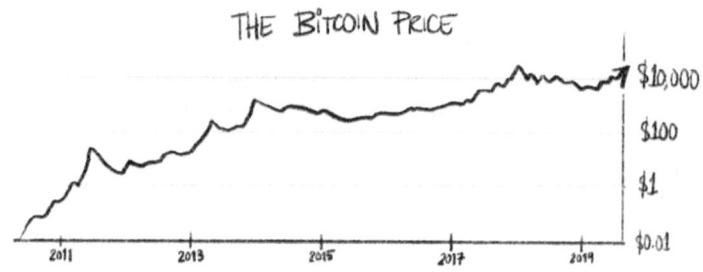

Bitcoin é escasso. A base monetária está definida para 21 milhões de moedas, conforme explicado no Capítulo 2.

A oferta fixa e o cronograma de emissão transparente do Bitcoin é atraente para os compradores, porque a alternativa - dinheiro fiduciário - está universalmente sujeita à diluição e, portanto, inflação. Isso significa que a mesma quantidade de dinheiro compra menos a cada ano. A longo prazo, é provável que mais pessoas achem o bitcoin atraente porque os governos não podem imprimir mais bitcoins ou censurar suas transações, além de ser difícil de ser confiscado.

O valor total de todo o bitcoin minerado ainda é de apenas US$ 200 bilhões. Por outro lado, o valor de todo o ouro minerado é estimado em cerca de US$ 9 trilhões. Com apenas 2% do valor do ouro, o mercado de bitcoin é pequeno e, portanto, mais sensível às flutuações de preços. O volume diário negociado também é relativamente pequeno: aproximadamente US$ 10 bilhões por dia, em comparação com US$ 300 bilhões por dia do ouro. Como há menos liquidez, que é a quantia que é facilmente comprada ou vendida em um determinado período, até pequenos compradores ou vendedores podem ter um grande impacto no preço. À medida que a adoção do Bitcoin aumenta e o Bitcoin cresce como uma classe de ativos global, sua volatilidade diminui. Isso pode levar várias décadas.

A Perspectiva de Médio Prazo

Olhando para o Bitcoin no período de meses e anos, os maiores condutores da mudança de preço são: os custos de mineração, a demanda de grandes compradores institucionais e os eventos de halving.

A mineração tem custos: equipamentos, operações de data center, eletricidade. Esses custos precisam ser pagos usando moeda fiduciária. Portanto, a maioria dos mineradores vende regularmente parte ou todo o bitcoin minerado para pagar custos operacionais, que totalizam aproximadamente US$ 250-300 milhões por mês, ou 40-50% do valor do bitcoin minerado mensalmente no momento da redação deste livro.

A demanda por bitcoin nessa escala geralmente vem de compradores institucionais, indivíduos abastados, family offices e fundações que desejam exposição a criptomoedas, e, geralmente, começam com bitcoin.

Outro fator importante que influencia o preço no médio prazo é o halving. Conforme descrito no Capítulo 2, a recompensa da mineração cai pela metade uma vez a cada quatro anos. O Bitcoin teve dois halvings até agora, em 2012 e 2016. Ambos os cortes criaram uma queda abrupta na oferta, aumentando a volatilidade.

Os preços crescentes do bitcoin tendem a atrair mais especuladores, desde investidores de varejo que desejam comprar apenas US$ 100 em bitcoin a investidores institucionais que compram milhões de dólares. Isso, por sua vez, aumenta o preço do bitcoin, pois a atenção da mídia e o medo de ficar de fora adicionam combustível a essa fogueira. Essa dinâmica tem criado grandes bolhas de preços, terminando em quedas de 80% ou mais. É bem possível que esses ciclos de preços continuarão ao redor de halvings futuros.

A Perspectiva de Curto Prazo

Não ter uma autoridade central tem um efeito colateral importante: volatilidade.

Os diversos lugares onde o bitcoin é negociado oferecem um contexto crucial para as causas da volatilidade de curto prazo. Há muitos desses lugares, como exchanges fiat-cripto, que permitem a troca direta entre moeda fiduciária (fiat) e bitcoins, exchanges peer-to-peer, que exigem o encontro em pessoa, e exchanges cripto-cripto, que permitem apenas negociações entre criptomoedas. Como os traders buscam lucro com a volatilidade, há exchanges com alavancagem, nas quais é possível negociar até 100 vezes o valor do depósito.

As exchanges de criptomoedas existem principalmente na internet. Elas, portanto, operam 24 horas por dia, todo o ano, e podem atender diretamente às demandas dos investidores de varejo. Por outro lado, os mercados tradicionais geralmente estão ancorados em um grande centro financeiro como Londres, Nova York ou Hong Kong, estão abertos para negociação imediata por apenas 7,5 horas por dia, de segunda a sexta-feira, e são usados principalmente por corretoras, não por investidores de varejo.

Como qualquer pessoa pode enviar e receber bitcoin com um computador e uma conexão com a internet, é relativamente fácil para um empreendedor criar uma exchange básica. Como o bitcoin não é considerado um valor mobiliário, as exchanges nas quais é negociado podem estar sujeitas a padrões regulatórios menos rigorosos do que os mercados tradicionais.

Além disso, as exchanges cripto-cripto podem buscar jurisdições amigáveis, como Malta, Seicheles ou Filipinas, uma vez que não precisam de contas bancárias de moedas fiduciárias e as equipes podem operar remotamente. Depositar dinheiro em uma exchange significa confiar nessa exchange para manter seus fundos seguros. Infelizmente, muitas exchanges são mal gerenciadas. Eventos bem documentados de conduta maliciosa ou incompetência que resultaram em roubo em larga escala incluem Mt. Gox, Bitfinex e Quadriga, que, juntos, perderam dezenas de milhares de bitcoins (o equivalente a bilhões de dólares).

Aviso aos leitores: várias exchanges foram invadidas ou perderam os bitcoins de seus clientes. Os leitores devem ter cuidado ao usar uma exchange e devem arriscar apenas quantidades de bitcoins que se sintam confortáveis em perder.

A adequação do Bitcoin à negociação online de varejo contribui para sua volatilidade de curto prazo. Enquanto os bancos centrais geralmente procuram minimizar a volatilidade, os traders preferem a volatilidade porque ela é lucrativa.

Em intervalos de um mês a até minuto a minuto, a volatilidade dos preços do bitcoin pode ser extrema. Em 1º de janeiro de 2019, um bitcoin custava US$ 3.500. Em agosto de 2019, estava custando quase US$ 11.000. Flutuações diárias de até 20% não são anormais. Isso é aterrorizante para os investidores, mas um paraíso para os especuladores que desejam lucrar com o movimento dos preços.

Diferentemente dos mercados tradicionais de ações ou de títulos de dívida, o bitcoin não possui fundamentos de negócios que determinam o consenso de preços. O Bitcoin não possui funcionários, desempenho de produto ou fluxo de caixa. A falta desses indicadores de desempenho de curto prazo acarreta em uma ênfase nos elementos técnicos da negociação, que geralmente são de soma-zero. Para esses especuladores, o trade de criptomoedas é outra forma de pôquer online, podendo gerar pequenos lucros por longos períodos de tempo, jogado no conforto de suas salas e à sua conveniência.

Como nos mercados tradicionais, o preço do bitcoin responde a notícias significativas - mas nem sempre sobe com boas notícias ou diminui com más notícias. Por exemplo, em 2013, hackers atacaram uma bolsa chamada Mt.Gox, a maior bolsa da época, e um declínio significativo nos preços aconteceu em seguida. No entanto, em 2018, a Binance, a maior bolsa atualmente, foi invadida e cerca de US$ 40 milhões foram subtraídos. Nem por isso o preço do bitcoin caiu. Na verdade, subiu.

À medida que o bitcoin vai se tornando mais valioso e mais líquido, a volatilidade provavelmente vai diminuir. Isso é semelhante às flutuações de preço em ações famosas versus ações menos conhecidas. Por exemplo, é muito mais difícil para um trader individual mudar o preço da Apple do que o preço de uma ação de 1 real.

Bitcoin é um ativo singular e muito arriscado para especuladores. A atratividade do bitcoin para os traders, combinada com sua falta de liquidez e a disponibilidade de alavancagem para trades, adicionam uma volatilidade de curto prazo significativa ao seu preço.

Resumo

Desde o início, o preço do bitcoin subiu em função de sua oferta fixa e demanda crescente. No curto prazo, o preço está sujeito a especulações, manipulação de mercado e volatilidade maciça.

Por fim, a oferta fixa e a natureza descentralizada do Bitcoin são o que lhe confere valor e volatilidade.

Se o bitcoin evoluir além de uma reserva de valor e passar a representar o tamanho da economia digital (como a moeda fiduciária representa hoje para as economias físicas), o bitcoin se tornará um método de pagamento e uma unidade de conta. Nesse ponto, a volatilidade pode diminuir à medida que o bitcoin se ancorar na troca de valor, e não na atividade especulativa. Enquanto isso, permanecerá à mercê das forças de mercado descritas nas seções Médio Prazo e Curto Prazo deste capítulo e continuará a flutuar dramaticamente.

CAPÍTULO QUATRO
Qual a Importância do Bitcoin para os Direitos Humanos?

Com a invenção do Bitcoin, os indivíduos agora são capazes de consolidar a produção de seu trabalho duro e armazenar suas economias como informação digital. Isso ajuda a impedir que regimes ou corporações possam arbitrariamente controlar como os cidadãos poupam ou transferem seu dinheiro. As ramificações para os direitos humanos desta revolução financeira já estão sendo sentidas e continuarão se intensificando em todo o mundo, especialmente nas ditaduras mas mesmo nas democracias liberais.

O Capítulo 1 introduziu histórias de indivíduos da Nigéria e da Venezuela que lutaram com inflação alta, vigilância financeira, bancos inacessíveis e infraestruturas econômicas quebradas.

Essas não são histórias isoladas. Segundo dados da Human Rights Foundation, aproximadamente metade da população do mundo vive sob autoritarismo. São aproximadamente 4 bilhões de pessoas de Cuba, Bielorrússia, Arábia Saudita e Vietnã que são severamente oprimidas por seus governos.

Muitos deles são refugiados econômicos ou presos políticos. Esses indivíduos não desfrutam do estado de direito ou da possibilidade de protestar pacificamente por reformas. Até os governos americano e europeu às vezes oprimem financeiramente seus cidadãos através de vigilância e inflação cada vez maiores. Salvamento de bancos falidos, intervenções militares no exterior, maior controle nas fronteiras e bem-estar social subsidiado são apenas algumas das atividades questionáveis possibilitadas pela impressão de mais dinheiro.

Quando os cidadãos são forçados a usar plataformas de pagamento centralizadas como o WeChat da China, que micro-rastreia milhões de vidas, quando a conta bancária de um grupo de direitos humanos é congelada por um ditador ou quando sanções contra um país punem as pessoas por crimes cometidos por seus governantes não eleitos, o Bitcoin pode ser uma saída.

A invenção de Satoshi pode ajudar muito as centenas de milhões de pessoas sem contas bancárias ou documentos formais de identidade a juntar e usar dinheiro. Com apenas um telefone celular e uma conexão à internet, as pessoas mais vulneráveis do planeta podem receber bitcoin de qualquer pessoa de maneira rápida e barata, sem possibilidade de censura ou apreensão.

Como resultado, o Bitcoin está mudando o jogo de pagamentos e remessas internacionais e tem o potencial de melhorar muitos outros aspectos da sociedade. O Bitcoin cria um mercado verdadeiramente global de bens e serviços e pode abrir o caminho para um jogo mais equilibrado.

Sendo seu próprio banco

Em lugares como Barém, Rússia e Zimbábue, o governo exerce controle ditatorial sobre o sistema bancário, resultando em altos níveis de peculato e corrupção. O Bitcoin lança as bases para um mundo em que regimes e corporações têm menos controle e onde os indivíduos têm mais liberdade e escolha individual.

O Bitcoin é um instrumento ao portador, o que significa que as pessoas podem ter controle total sobre o bitcoin que possuem. Além disso, quando o Bitcoin é enviado, não há intermediário que possa censurar a transação ou vazar as informações pessoais do remetente. Isso fornece proteção contra ladrões, empresas maliciosas e governos espiões. Nenhuma outra moeda ou empresa de pagamento pode se gabar desse tipo de segurança.

Esconder dinheiro debaixo do colchão tem sido uma maneira como pessoas armazenam seu dinheiro em países falidos. A desvantagem óbvia é que é difícil garantir a segurança do dinheiro e não é simples de transmitir. Se as autoridades baterem à porta, poderão apreender fisicamente qualquer dinheiro que encontrarem. Em comparação, o bitcoin é fácil de armazenar e proteger, pois a chave privada ou a senha secreta pode ser armazenada em papel, computador, pendrive ou mesmo memorizada. É possível negar a propriedade de qualquer bitcoin a uma autoridade ou a um bandido e eles não têm uma maneira fácil de conferir e apreender o bitcoin fisicamente.

Escapando da inflação alta

Os cidadãos do Irã até a Somalilândia vivem sob regimes que imprudentemente imprimem moeda, drenando de suas economias as poupanças arduamente obtidas por meio de trabalho duro e honesto de seus cidadãos.

É claro que a inflação é algo em que todos os bancos centrais se envolvem. Geralmente, consideram desejáveis pequenas injeções de dinheiro na economia, pois isso mantém os mercados em movimento. As democracias podem mostrar alguma moderação, mas, como vimos, a inflação pode rapidamente sair do controle.

De acordo com os índices de preços ao consumidor, de 2018 a 2019, os preços subiram 1,7% na Alemanha e 1,9% nos Estados Unidos. Em muitos países, os preços de bens de consumo subiram muito mais: 3,75% no Brasil, 5% na Índia, 11% na Nigéria, 20% na Turquia e incríveis 47% na Argentina. Pessoas em países com aumentos de preço superiores a 10% sofrem uma depreciação abrupta de seus ganhos e economias.

Um caso extremo é a Venezuela. Devido à implacável impressão de dinheiro, à corrupção sistemática e à má administração econômica geral, os preços subiram 2.300.000% em 2018 - uma hiperinflação tão severa que impossibilita poupar dinheiro. O dinheiro começa a evaporar horas depois de chegar às contas bancárias. Isso força os venezuelanos a viver de forma imediatista, colocando o dinheiro em bens essenciais literalmente assim que o recebem. Os venezuelanos vivem sob um regime autoritário e são impedidos de participar de eleições livres e justas por meio das quais possam responsabilizar seu governo. Nos últimos anos, mais de 4 milhões de cidadãos, que representam mais de 10% da população do país, fugiram para países vizinhos, como Brasil e Colômbia, em uma das mais terríveis crises de refugiados do mundo.

Além de eviscerar a economia doméstica, o regime venezuelano impôs severos controles de capital por quase duas décadas. Enviar dinheiro para dentro ou fora do país é extremamente difícil. A principal maneira de enviar dinheiro é através de intermediários com acesso a contas em dois países: um indivíduo pode dar pesos colombianos a um intermediário com uma conta na Venezuela, que transfere a quantia equivalente de bolívares venezuelanos para o destino final. Até mesmo essa solução alternativa está sendo bloqueada agora, pois os bancos, sob pressão do governo, estão entregando as pessoas que usam suas contas venezuelanas do exterior. Lembre-se do Capítulo 1: o regime não deseja que sua população possa acessar dinheiro melhor e mais sólido do que o bolívar.

Outra opção é fazer com que amigos ou familiares que moram nos EUA enviem dólares para um escritório da Western Union em uma cidade fronteiriça na Colômbia. O destinatário tem que escapar da Venezuela, viajar para essa cidade com grande risco, sacar os dólares na Western Union e voltar furtivamente à Venezuela com dinheiro escondido em suas roupas. É desnecessário dizer que isso é demorado e perigoso, pois as fronteiras terrestres e os aeroportos são inundados por funcionários corruptos prontos para confiscar dinheiro.

A solução: use bitcoin para transferir valor através da fronteira. Os venezuelanos podem solicitar bitcoin de amigos ou familiares no exterior via mensagem de texto e recebê-lo momentos depois por uma pequena taxa. Esta transação não pode ser censurada e não é fácil de se rastrear. Para as pessoas que vivem em economias estáveis, o bitcoin pode parecer volátil, mas para os venezuelanos, mesmo uma brusca flutuação de 20% no preço do bitcoin é pequena em comparação com a recente depreciação de 2.300.000% no bolívar.

Depois de receberem o bitcoin em seu telefone ou computador, eles podem facilmente transformá-lo em moeda local por meio do LocalBitcoins.com, um site no estilo eBay que conecta traders em mais de 100 países. Eles podem postar o Bitcoin recém-recebido para venda no site e receber ofertas de compra quase que imediatamente. Em 15 minutos, eles podem vender o bitcoin e receber bolívares em suas contas bancárias. Este sistema é usado para mover milhões de dólares dentro e fora da Venezuela todos os dias. Em meados de 2019, o Bitcoin já se tornou uma economia paralela, o último recurso para pessoas em sistemas econômicos completamente quebrados como a Venezuela.

Acesso universal ao dinheiro

É fácil para um cidadão com estudos de uma democracia estável abrir uma conta bancária. Mas esse não é o caso de bilhões de pessoas em todo o mundo. Alguns exemplos são impressionantes. No Afeganistão e na Arábia Saudita, as mulheres são impedidas de abrir suas próprias contas bancárias por parentes do sexo masculino. Elas são efetivamente despojadas de sua liberdade financeira.

Para elas, o bitcoin pode fornecer uma salvação. Em 2014, uma empreendedora de tecnologia afegã chamada Roya Mahboob enfrentou um grande desafio: ela não podia pagar suas funcionárias. Se ela lhes desse dinheiro, suas famílias o tomariam. Parentes do sexo masculino não as deixavam abrir contas bancárias. Serviços como o PayPal não estavam disponíveis em seu país. Uma amiga mencionou a possibilidade de usar bitcoin e ela começou a usá-lo para pagar suas funcionárias. Isso lhes deu soberania financeira.

Uma dessas jovens teve que fugir do Afeganistão por uma ameaça à sua vida. Mas ela levou seus bitcoins, armazenados em seu telefone. Ela viajou pelo Irã e Turquia e finalmente chegou à Alemanha. Lá, ela trocou seus bitcoins - que felizmente havia valorizado dramaticamente durante sua jornada - por euros para começar uma nova vida. O Bitcoin pode ajudar os oprimidos e os desbancarizados quando não há outras opções.

À medida que a infraestrutura do Bitcoin e as negociações locais de pessoa a pessoa crescem nos próximos anos, isso terá um grande impacto na ajuda externa e assistência humanitária. Talvez a imagem mais nítida do que está errado na indústria de ajuda humanitária seja uma foto tirada na fronteira venezuelana em fevereiro de 2019, quando o regime de Maduro impediu a entrada de ajuda estrangeira no país, criando uma barricada na ponte da fronteira com carretas de caminhão. Os milhões de dólares em bitcoin indo e voltando além do controle do governo não puderam ser capturados pela fotografia.

O sistema de ajuda externa de hoje tem vulnerabilidades gritantes. Seja um governo enviando ajuda para outro governo, uma organização filantrópica fazendo uma doação para uma ONG ou um indivíduo enviando dinheiro para a família em uma emergência médica, o dinheiro só chega ao seu destino depois de passar por intermediários.

Mesmo na transação mais simples, existem pelo menos três intermediários: o banco do remetente, um banco central e o banco do destinatário. Muitas vezes, existem mais intermediários, às vezes até sete. Cada um pode retardar o processo, congelar a transação ou até roubar o dinheiro. O ex-secretário-geral da ONU, Ban Ki-moon, declarou em um discurso de 2012 que durante o ano anterior a corrupção "impediu que 30% de toda a assistência ao desenvolvimento chegasse ao seu destino final".

Segundo pesquisas de organizações como a GiveDirectly e o Banco Mundial, a transferência direta de dinheiro é a maneira mais eficaz de fornecer ajuda. O Bitcoin permite transferências para qualquer pessoa no planeta em questão de minutos, sem que se tenha que pedir permissão a ninguém mais. O destinatário não precisa de uma conta bancária ou identificação oficial, apenas acesso à internet.

Um estudo recente da Pew descobriu que 45% das pessoas em economias emergentes já possuem um smartphone, um número que continua a aumentar. Para entender o impacto potencial do Bitcoin nessa área, considere que em um país como as Filipinas, apenas 20% dos adultos têm uma conta bancária.

Para ser usado como um meio de pagamento, os destinatários de bitcoin precisam conseguir negociá-lo na moeda local. O Bitcoin não é atualmente útil como assistência humanitária, a menos que possa ser gasto em bens ou serviços. Mas, de acordo com uma análise detalhada dos dados do mercado de bitcoin realizada por Matt Ahlborg, está se tornando mais fácil para indivíduos de economias emergentes do leste da Ásia e da África Ocidental trocar bitcoin por moedas locais.

Além disso, mesmo quando os bancos tradicionais param de funcionar, a rede Bitcoin continua funcionando. À medida que sua infraestrutura mundial melhora a liquidez e o acesso de pessoas em todo o mundo, a capacidade do Bitcoin de atuar como uma forma de salvação para quem recebe ajuda humanitária aumentará drasticamente.

Já existem redes mesh, sistemas de satélite e técnicas baseadas em rádio que permitem às pessoas enviar e receber bitcoin sem acesso direto à internet. Engenheiros estão trabalhando em inovações para dificultar, cada vez mais, que os governos impeçam os cidadãos de acessar o bitcoin, uma moeda que eles não podem inflacionar ou confiscar facilmente.

A Sociedade "Cashless"

A ideia de uma sociedade sem dinheiro vivo é frequentemente apresentada como muito conveniente. Mas, do ponto de vista dos direitos humanos, apresenta novos perigos ao mesmo tempo que confere a governos e bancos um poder sem precedentes.

O dinheiro em espécie é uma das melhores maneiras de proteger a privacidade de uma pessoa. Ao pagar por algo com uma nota em papel, apenas o comprador e o vendedor sabem sobre a transação, o que torna o acompanhamento do comportamento de compras pelos governos difícil. Pagamentos anônimos são possíveis em dinheiro, como quando as notas em papel são colocadas em uma caixa de doações de instituições de caridade.

Infelizmente, o dinheiro de papel está desaparecendo em todo o mundo. Em sociedades hiperinflacionadas, como Venezuela ou Somalilândia, as notas em papel são tão inúteis que precisam ser contadas em maços pelo peso. Enquanto isso, em áreas urbanas avançadas como Estocolmo e Xangai, os residentes empregam pagamentos digitais quase que exclusivamente. Estima-se que apenas 8% de todas as transações globais ainda sejam realizadas com moedas ou notas. Até 2030, o número de pessoas que poderão usar dinheiro em espécie de maneira significativa em suas vidas diárias deve chegar próximo de zero.

Como visto no Capítulo 1, essa pode ser uma perspectiva assustadora para os manifestantes que dependem de dinheiro em espécie em lugares como Hong Kong para comprar bilhetes de transporte público ou cartões SIM descartáveis para proteger a privacidade e combater a vigilância estatal. Sem dinheiro vivo, ou algum equivalente digital, coordenar protestos políticos e proteger a segurança pessoal se tornará quase impossível.

Na Estônia, o governo está tornando o transporte público gratuito. Parece maravilhoso, mas vem com uma pegadinha: os passageiros só podem pegar carona usando seus cartões de identidade, permitindo, assim, que o governo rastreie seus movimentos. Embora os estonianos podem ficar tranquilos, os cidadãos de governos autoritários próximos, como a Rússia ou a Bielorrússia, têm sérios motivos para se preocupar.

Enquanto isso, o Partido Comunista Chinês tem controle sobre sistemas eletrônicos com mais de um bilhão de usuários, como o Alipay ou WeChat. As autoridades não apenas exercem vigilância e controle sobre o dinheiro das pessoas, mas também regulam as ações e opiniões de seus cidadãos por meio de sistemas de crédito social. Nos sistemas de crédito social, como o que está sendo implementado na China, os cidadãos são avaliados não apenas em sua saúde financeira, mas também em suas opiniões políticas, identidade e círculo social. O governo incentiva o comportamento leal dos cidadãos e pune os encrenqueiros, impedindo-os de viajar para o exterior, obter internet rápida, enviar seus filhos para boas escolas ou conseguir boas taxas de crédito. Esses sistemas de crédito social ainda estão em estágio inicial, mas estão a caminho de dar um controle sem precedentes ao governo chinês e constituem o maior projeto de engenharia social da história da humanidade.

Embora menos angustiantes, tendências semelhante estão começando a surgir mesmo nas democracias ocidentais, com empresas de cartão de crédito e comerciantes vendendo informações sobre as transações de seus clientes para anunciantes, lucrando com isso.

Bitcoin vs. Big Brother

O que as pessoas compram revela mais sobre elas do que o que falam. As transações divulgam uma quantidade enorme de informações sobre quem as pessoas são e o que fazem, para onde vão e quando, ou do que gostam ou não gostam. Quanto mais os gastos são rastreados, maior a probabilidade de os indivíduos enfrentarem um cenário orwelliano.

Nas sociedades democráticas, surge um debate sobre o papel de empresas como o Facebook como emissores de suas próprias moedas. O Facebook quer apresentar a Libra, sua criptomoeda privada, a centenas de milhões de pessoas por meio das contas de mídia social existentes no WhatsApp, Instagram ou Messenger. Embora um projeto como a Libra possa muito bem conceder acesso financeiro a um grande número de pessoas que atualmente não possuem contas em bancos, muitos temem que o Facebook grave as atividades de pagamentos dos usuários e influencie suas escolhas; ou retire o acesso das pessoas à plataforma e congele sua capacidade de fazer pagamentos por expressar opiniões políticas específicas.

Para impedir o Big Brother, todos devem reduzir seus rastros digitais, que estão em constante expansão. Quanto menos as informações vinculadas às identidades das pessoas são disseminadas e compartilhadas entre empresas e governos, mais difícil é vigiar, manipular e controlar os indivíduos.

Uma sociedade sem dinheiro vivo é uma sociedade de vigilância. Seja com o modelo WeChat, controlado pelo governo, ou com o modelo corporativo da Libra, as empresas podem rastrear toda a atividade econômica para obter lucro, para oprimir ou algo pior.

E se o futuro pudesse ser diferente? E se o dinheiro vivo pudesse existir em formato digital? Embora atualmente as transações de bitcoin sejam apenas pseudônimas, há muito trabalho sendo feito na comunidade de desenvolvedores para trazer mais privacidade à rede Bitcoin e seus usuários. Em um futuro próximo, ao comprar algo on-line, comprar uma passagem de ônibus ou metrô ou assinar revistas ou podcasts políticos, os indivíduos não precisarão divulgar sua identidade ao efetuar pagamentos.

Tornando o Bitcoin confidencial com a Lightning Network

Os consumidores estão perdendo cada vez mais sua privacidade financeira. A Lightning Network pode ser uma solução, uma rede de pagamentos sendo construída atualmente sobre o Bitcoin.

O sistema de pagamentos existente cria todos os tipos de problemas de privacidade, pois todo intermediário financeiro é uma potencial falha de segurança. Bitcoin é diferente por não existirem intermediários, então, pelo menos em princípio, essa vulnerabilidade pode ser eliminada. Infelizmente, detalhes fundamentais das transações de bitcoin são registrados no seu blockchain, visíveis a qualquer pessoa. Pesquisadores têm explorado se existe uma maneira de se esconder ou obscurecer os detalhes específicos de uma transação pagando com bitcoin, e isso é possível com a Lightning.

A Lightning Network não registra os detalhes de cada transação diretamente no blockchain do Bitcoin. O objetivo da Lightning é aumentar a velocidade e o volume das transações que o Bitcoin pode suportar. A privacidade acaba sendo um efeito colateral de se atingir esse objetivo.

Esse avanço técnico é muito parecido com o Bitcoin, pois é open-source, de código aberto, de livre acesso e disponível para qualquer pessoa, independentemente da sua localização, idade, renda, gênero ou cidadania. Bitcoin na Lightning poderia ajudar a impedir um futuro distópico onde a privacidade é cara e só possível de ser obtida por pessoas ricas.

Mesmo em uma sociedade sem dinheiro vivo, deve ser possível, em breve, usar a Lightning Network em um app de celular para comprar bilhetes de transporte público para ir a um protesto ou comprar livros políticos online. A máquina de bilhetes de metrô ou a Amazon não saberão nada sobre os compradores e não poderão vazar seus dados ou compartilhar suas informações com os governos.

Dito isto, a Lightning não é uma panacéia para a privacidade. O anonimato das informações de pagamento é apenas um passo para garantir a privacidade total, já que as brechas na privacidade como backdoors nos telefones, rastreamento de localização geográfica e câmeras de vigilância também precisam ser abolidas.

O autor de A Lógica do Cisne Negro, Nassim Taleb, escreveu que o Bitcoin é "uma apólice de seguro contra um futuro orwelliano". À medida que as tendências globais de crescente vigilância e desaparecimento do dinheiro em espécie continuam, este futuro se torna uma ameaça cada vez mais real.

A tecnologia nem sempre melhora a liberdade em todo o mundo. Pelo contrário, inteligência artificial e análise de big data estão sistematicamente privando indivíduos de suas liberdades, especialmente em lugares como a China. O historiador e escritor de Sapiens, Yuval Noah Harari, avisou que a tecnologia de informação moderna tende a favorecer a tirania. Mas a tecnologia pode também favorecer a liberdade quando desenvolvida e implementada deliberadamente com este propósito. O Bitcoin, especialmente quando dotado dos novos desenvolvimentos como a Lightning Network, pode ser uma ferramenta importante na luta global pelos direitos humanos.

CAPÍTULO CINCO
Um conto de dois futuros

O ano é 2039.

Os últimos 20 anos presenciaram um aumento significativo na guerra global. Os países lutam para derrubar o dólar dos EUA e o renminbi chinês de suas posições dominantes. Às vezes, essa turbulência econômica causa conflitos violentos. Os países ricos sofrem com seu declínio político e com recessões econômicas irremediáveis enquanto os países pobres flertam com um colapso total à medida que sucessivas crises econômicas consolidam poder e riqueza nas mãos de governantes e corporações.

Empresas de tecnologia dominantes como Alibaba, Tencent, Facebook, Google e Amazon controlam o mercado global e, após várias rodadas de pressão do governo, processos de antitruste e acordos, eles concordaram em entregar dados de usuários em troca de reservas de mercado. As empresas compartilham informações abrangentes dos usuários com governos em todo o mundo sobre o que todo mundo compra, ouve, posta e onde todos estão. As empresas se tornaram satélites do Estado. A privacidade pessoal é inexistente.

Isso dá aos governos controle sem precedentes sobre seus cidadãos. A diferença entre ricos e pobres continua a aumentar à medida que o Efeito Cantillon aumenta. Aqueles com conexões com o regime prosperam de maneira desproporcional. A vigilância digital é a norma, enquanto as críticas a governos autoritários evaporam. O controle governamental e corporativo do dinheiro significa que eles podem censurar a fala, pois os criadores de conteúdo dissidentes não podem ser pagos ou apoiados para fazer seu trabalho.

Diversidade de pensamento agora é dissidência. Os Estados policiais de todo o mundo usam a internet das coisas, dados de implantes médicos, rastreamento por telefone, histórico de transações e consultas de pesquisa para localizar e punir dissidentes. A oposição é essencialmente impossível, pois o dinheiro vivo desapareceu e todas as compras (incluindo itens como passagens de metrô, jornais e máscaras que poderiam ocultar a identidade de alguém) são digitais e monitoradas. O Estado e as corporações multinacionais estão mais poderosas do que nunca.

O ano é 2039.

Uma economia global vibrante continua a florescer. Mais pessoas em todo o mundo estão poupando, acumulando riqueza, capazes de comprar casas e administrando novos negócios. Empreendedores dos países que eram conhecidos como terceiro mundo estão impulsionando a inovação na economia global. Mover-se entre jurisdições é mais fácil do que nunca. Os governos competem entre si por os cidadãos que escolhem onde querem morar, trabalhar e pagar impostos. Os impostos sobre a renda diminuem, enquanto a qualidade da infraestrutura, serviços e escolas aumenta como resultado da concorrência global.

A proliferação de tantos novos bens e serviços fornecidos por um número muito maior de pequenas empresas trouxe mais inovação do que se pensava possível. Muitas empresas multinacionais que costumavam dominar o mercado foram superadas pelos numerosos participantes menores de todos os cantos do globo. Qualquer pessoa pode pagar por qualquer coisa usando pagamentos privados e de livre acesso.

Muitos regimes autoritários foram derrubados ou enfraquecidos à medida que os cidadãos se tornam mais hábeis em contornar os controles de capital draconianos e preservar a riqueza para si mesmos, em vez de ceder às elites.

Os governos foram forçados a deixar de serem de controladores para serem competidores; os indivíduos estão mais livres do que nunca.

Como se Parece um Mundo Mais Baseado em Bitcoin?

Prever o futuro é sempre uma proposta arriscada. Essas são duas visões alternativas, dada a trajetória atual do mundo. É provável que nenhum dos extremos se materialize, mas os indivíduos têm controle sobre o rumo que sua sociedade tomará.

O sistema monetário está no meio desta encruzilhada. Bitcoin tem o potencial de separar dinheiro e Estado. Vale a pena perguntar: como a adoção global do Bitcoin pode mudar a sociedade?

Emerge a Economia Sem Fronteiras

Desde o século XX, as economias têm sido amplamente controladas pelos Estados-nação. A transição para o dinheiro digital inicialmente permitiu que os governos controlassem economias de uma maneira sem precedentes, aumentando facilmente a oferta de dinheiro para pagar por suas iniciativas.

Mas, com o avanço da era digital, as economias começaram a transcender os Estados. No início do século XXI, isso se mostrou óbvio, pois os consumidores começaram a comprar mercadorias produzidas do outro lado do mundo. As empresas contratam desenvolvedores de software freelancers desde as Filipinas até a Nigéria assim como assistentes virtuais ou mesmo radiologistas remotos. Os parceiros comerciais poderiam estar separados por milhares de quilômetros. Toda a comunicação era digital, instantânea e contínua. Fazer pagamentos transfronteiriços, no entanto, ainda era lento e caro. O pagamento de mercadorias on-line ainda dependia dos canais tradicionais e a liquidação em dólares entre instituições financeiras ainda levava vários dias. O sistema monetário ainda não havia se adaptado para se integrar a um mundo cada vez mais conectado.

O surgimento do Bitcoin é a centelha que permitirá a próxima onda de evolução financeira.

Produtos nativamente digitais, como conteúdo de mídias sociais e itens de videogame, consumirão uma parcela maior da economia mundial. O Bitcoin será cada vez mais usado como um método de pagamento em transações transfronteiriças, porque continuará sendo complicado em moeda fiduciária. Microtransações, liquidação rápida e a crescente base de usuários do Bitcoin forçarão os comerciantes a denominar seus preços em bitcoin.

Hoje, essas economias são pequenas - como as comunidades que se comunicavam nos chats do UOL nos anos 90 -, mas à medida que crescem, elas vão corroer ainda mais o controle econômico dos Estados. À medida que mais riqueza é obtida de redes sem fronteiras e denominada em uma moeda sem fronteiras pertencente a indivíduos, a riqueza se tornará mais fácil de ser movimentada e será liberata da economia física de qualquer Estado-nação.

Governos Lidam com o Verdadeiro Preço da Guerra

Quando o bitcoin se tornar onipresente, a capacidade do Estado de simplesmente imprimir mais dinheiro para financiar a guerra será muito mais limitada. As guerras não serão mais financiadas com a mesma facilidade que foram nos últimos cem anos. Se as guerras acontecerem, serão mais limitadas e mais breves.

Conflitos prolongados, como a intervenção russa na Síria e Ucrânia, ou a ocupação americana no Iraque e Afeganistão, podem se tornar coisa do passado, pois essas operações se tornam cada vez mais difíceis de se financiar. A guerra entre Estados-nação se tornará ainda mais uma opção de último caso do que é hoje, já que os governos seriam muito mais incentivados a encontrar maneiras menos caras de resolver suas divergências.

O Autoritarismo se Torna Muito Caro

Os Estados autoritários terão dificuldade em competir em um ambiente global mais difícil de controlar. Com indivíduos em todo o mundo controlando suas transferências de valor pessoais, os cidadãos mais produtivos de qualquer país simplesmente sairão de lá, *levando consigo a sua riqueza* para uma jurisdição concorrente, se as condições do país original forem indesejáveis. Para reter esses cidadãos produtivos, os governos terão de impor severos controles nas fronteiras ou dar voz a esses cidadãos em sua própria governança.

As ditaduras não vão desaparecer silenciosamente, mas serão forçadas a escolher: enfrentar a fuga de capital em massa ou permitir mais liberdade. Graças às redes de informação, obras liberais de literatura e cinema agora rotineiramente chegam às famílias que vivem sob os regimes mais tirânicos, como Eritreia e Coreia do Norte. Esse fenômeno será acelerado por um dinheiro tão transferível e seguro quanto a informação.

Ativos se Tornam Corretamente Precificados

O Bitcoin fornece uma reserva de valor para todos, independentemente de status, etnia ou localização geográfica. Como reação à inflação das moedas fiduciárias, a maioria das pessoas atualmente escolhe armazenar parte de sua riqueza em imóveis, ações e metais preciosos, todos mais centralizados e, portanto, mais difíceis de acessar do que o bitcoin. Em um mundo onde o armazenamento de riqueza no Bitcoin é a norma, bolhas especulativas nesses ativos não serão mais predominantes.

Por exemplo, haverá menos casos de bolhas imobiliárias induzidas pela inflação, uma vez que menos estrangeiros comprarão grandes quantidades do estoque habitacional de uma cidade sem planos de morar lá. Com o bitcoin como uma alternativa superior, a compra de ativos estáveis no exterior não será atraente. Os preços não dispararão e mais pessoas poderão comprar casas em suas próprias cidades.

Surgem as Finanças Descentralizadas

O domínio americano, europeu e chinês desaparecerá à medida que os países forem capazes de negociar com bitcoin, uma verdadeira moeda de reserva global, em vez dos regionais USD, EUR ou CNY. Os trabalhadores serão livres para circular pelo mundo e haverá mais concorrência pelo pela força de trabalho, gerando aos trabalhadores mais do valor que produzem.

Os bancos dos EUA, da Europa e da China perderão sua influência opressora, pois cada pessoa pode ser seu próprio banco, permitindo a criação de uma poupança real ao longo do tempo. A riqueza se acumulará nos países que exportam mão de obra, permitindo o surgimento de empresas domésticas e a construção de infraestrutura e serviços.

O poder dos grandes bancos encolhe

Os bancos, que cresceram enormemente por causa de seu relacionamento especial com os governos e seu controle sobre o dinheiro das pessoas, irão à falência ou ficarão muito menores. "Grande demais para falir" não será mais a norma. Bancos e grandes empresas não poderão mais depender de resgates do governo sempre que cometerem erros, como na crise financeira de 2008.

Sem essas vantagens, os bancos e as empresas multinacionais precisarão se concentrar na prestação de serviços a seus clientes, em vez de pedir benefícios aos governos. Empresas e bancos menores, graças à natureza sem fronteiras do bitcoin, serão capazes de atender clientes em todo o mundo e substituirão os gigantes dinossauros do passado.

Declínio do Big Brother e do capitalismo da vigilância

Hoje, as informações de pagamentos digitais são exploradas pelas empresas com fins lucrativos e usadas para vigilância do governo. Como a internet evoluiu como um mercado aberto por padrão, os padrões de privacidade têm sido lentos para proteger as informações cada vez mais pessoais e importantes que estão online. Como resultado, os dados pessoais são constantemente reembalados, analisados e usados sem conhecimento ou permissão explícita.

Com o advento e a adoção dos pagamentos Lightning sobre o Bitcoin, a maioria das pequenas compras diárias estarão desconectadas da identidade do comprador.

Ao comprar algo online, assinar uma revista política, doar para uma organização da sociedade civil ou pagar por um tratamento médico, ninguém além do consumidor saberá todos os detalhes da transação. Não haverá processador de pagamento intermediário para vazar informações, pois as transações são peer-to-peer e o comerciante verá apenas o pagamento. Sem informações de identificação nesse ambiente, será muito mais difícil para os sistemas de vigilância rastrear o comportamento dos consumidores e prever suas ações.

O Início da Soberania Individual

O Bitcoin é um fenômeno cujo potencial impacto é semelhante ao da democracia e internet: tecnologias que, respectivamente, derrubaram a tirania do poder político e o controle corporativo do conhecimento. Por meio da democracia, os cidadãos mantêm coletivamente o poder do governo e dos ditadores em cheque e, por meio da internet, os cidadãos comuns obtêm uma voz mais forte e acesso mais livre ao conhecimento.

Na mesma linha, o Bitcoin quebrará o monopólio monetário desfrutado por Estados e corporações. Daqui a um século, os indivíduos voltarão a olhar para 2019 e se lembrarão como ultrapassada esta época em que poucos privilegiados controlavam a economia, assim como alguém hoje olha para a ideia do sistema feudal monárquico ou da propaganda estatal e as considera ultrapassadas. Essa evolução ocorrerá em três fases, à medida que o bitcoin evolui para se tornar a moeda mundial.

Fase 1: Reserva de Valor

O primeiro passo da adoção do Bitcoin será como uma reserva de valor. É o estágio em que poupadores de todo o mundo se protegem contra a inflação de seus governos locais. Hoje, isso está acontecendo não apenas em economias hiperinflacionadas como as da Venezuela e do Zimbábue, mas também em lugares como Estados Unidos e Europa, onde o bitcoin, ao longo de vários anos, superou a moeda local. No final da fase Reserva de Valor, os fundos de pensão e as principais instituições financeiras começarão a adicionar bitcoin às suas carteiras e, mais tarde, os governos começarão a adicionar bitcoin às suas reservas.

A adoção durante esta fase crescerá lenta e organicamente à medida que as pessoas percebem seus benefícios.

Fase 2: Meio de Pagamento

Quando um número suficiente de comerciantes perceber que o dinheiro que não é bitcoin é, de fato, uma reserva de valor inferior, eles desejarão ser pagos em bitcoin. Isso é semelhante aos comerciantes do mercado negro na Venezuela, que recusam bolívares e exigem dólares americanos. À medida que mais comerciantes, empreendedores e funcionários preferirem o bitcoin, a demanda por bitcoin aumentará da mesma maneira que a demanda por dólares americanos disparou após a introdução do sistema de conversibilidade de ouro de Bretton Woods.

Isso não acontecerá inicialmente em economias avançadas como a dos Estados Unidos, mas em economias quebradas, com inflação violenta e corrupção intratável. Essas sociedades provavelmente serão governadas por regimes opressivos, que diminuem a utilidade de reservas de valor facilmente confiscáveis, como notas de dólar e ouro. As pessoas nesses locais usarão o bitcoin para evitar a apreensão de suas economias e, se necessário, para escapar completamente do sistema.

Nesta fase, software bem projetado, tecnologias de liquidação mais rápidas, infraestrutura aprimorada e inovações de privacidade estarão em primeiro plano. Os usuários de bitcoin poderão realizar transações instantânea e privadamente, tornando a vigilância muito mais difícil.

Fase 3: Unidade de conta

À medida que mais pessoas detêm e ganham bitcoin em vez de sua moeda local, os bens e serviços começarão a ter seu preço absoluto cotado em bitcoins em vez de na moeda local ou em dólar. Nesse ponto, haverá oportunidades lucrativas de arbitragem, em que tomar empréstimos em moedas que se depreciam rapidamente e convertê-las em bitcoin se tornará lucrativo.

Este será o começo da hiperbitcoinização, quando o USD e o CNY perderão suas posições privilegiadas e o bitcoin se tornará a moeda de liquidação mundial. Isso, por sua vez, causará hiperinflação na maioria das outras moedas, uma vez que os empréstimos serão muito caros para impedir a arbitragem. Como o Bitcoin será o local mais desejável para se armazenar valor, o ciclo virtuoso fará com que muitas outras moedas se depreciem substancialmente.

Ainda é cedo

A maioria das tecnologias que mudam o mundo é desprezada pela grande maioria à primeira vista. Considere a eletricidade, que foi considerada muito perigosa; o telefone, que ninguém queria comprar; o carro, que certamente não funcionaria em estradas de paralelepípedos; o avião, que não havia como ser seguro; o microondas, que supostamente removia todo valor nutricional dos alimentos; o telefone celular, que alegadamente causava câncer; ou a internet, que estava destinada a falhar. Lembre-se das palavras do colunista do New York Times, Paul Krugman, que escreveu em 1998 que "em 2005, ficará claro que o impacto da internet na economia não terá sido maior que o do aparelho de fax".

Qualquer tecnologia fundamental, da geladeira ao cartão de crédito, segue uma curva de adoção e sempre há muitos céticos no começo. Eventualmente, a curva aumenta exponencialmente, formando um S, e a tecnologia se espalha. É difícil imaginar uma idéia mais justa ou democrática do que o fato de alguém hoje - independentemente de sua localização, gênero, idioma, idade, nível de educação ou riqueza - poder se envolver significativamente com o Bitcoin, uma tecnologia exponencial que ainda está na parte inferior de sua curva S de adoção.

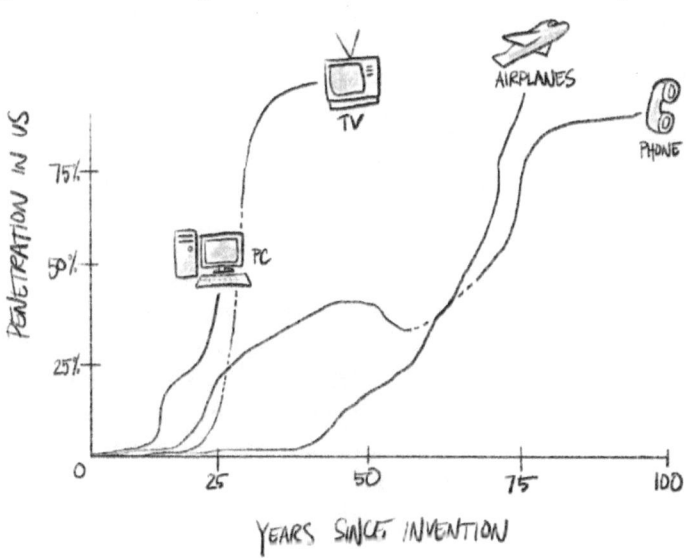

Atualmente, o Bitcoin está longe de onde precisa estar em termos de usabilidade, capacidade, conscientização do público e interesse comercial. Não há empresas suficientes trabalhando com Bitcoin; não há alunos suficientes focados nisso; não há, tampouco, professores suficientes ensinando isso; não há comerciantes suficientes aceitando-o; não há fundações filantrópicas suficientes apoiando seu desenvolvimento; e não há líderes públicos suficientes levando a sério sua capacidade de ajudar a alcançarmos a privacidade financeira. É necessário mais interesse, engajamento e pensamento crítico nesta área.

Menos de 1% da população do mundo já chegou a possuir bitcoin. Se o tempo e os recursos adequados forem investidos no desenvolvimento de carteiras, exchanges e materiais educacionais fáceis de usar, o Bitcoin tem o potencial de fazer uma diferença real para bilhões ao redor do mundo. O Bitcoin pode ajudar qualquer pessoa a obter mais liberdade financeira, mas provavelmente ajudará primeiro aqueles que a mais precisam.

As pessoas na Nigéria, Turquia, Filipinas, Venezuela, Irã, China, Rússia ou Palestina não têm as mesmas liberdades, direitos humanos e confiança em seu sistema financeiro que as do Ocidente. Para eles, o Bitcoin é uma maneira de escapar.

Abster, descadastrar e sair são as novas formas de protesto. Para promover mudanças, um indivíduo não precisa se coordenar com milhares de pessoas com idéias semelhantes para inundar as ruas por um dia ou semana por vez. Essas pessoas podem exportar seus fundos com a mesma facilidade com que podem enviar um email. Pessoas podem protestar agora uma de cada vez. Inicialmente, a adoção será uma goteira, depois um riacho e, eventualmente, uma inundação.

O Futuro Está em Suas Mãos

O Bitcoin é uma profunda invenção que fornece novas alternativas para muitos problemas do atual sistema econômico e monetário. Desigualdade, empresas multinacionais monopolistas e autoritarismo são, em parte, alimentados pelo controle estatal do dinheiro. À medida que o mundo aprende sobre o Bitcoin e como ele permite a soberania individual, o poder se descentralizará de maneira significativa em todo o mundo. Em vez de regimes autoritários, mais governos respeitarão a dignidade, o valor e o talento humanos. Ao invés de empresas multinacionais desconectadas, haverá empresas menores que trabalharão para atender seus clientes. Embora a igualdade de resultados não seja possível, o Bitcoin nivelará o campo, permitindo que os seres humanos capturem e mantenham o valor que criam.

O que poderia ser mais justo do que a idéia de que tudo o que é necessário para participar da próxima revolução financeira é o acesso a um smartphone barato e à internet? Nenhum banco, nenhum órgão regulador do governo, nenhuma permissão é necessária para fazer parte deste futuro.

Resgatando o controle da riqueza dos caprichos dos que estão no controle, todos podem ser mais livres para criar seu próprio destino.

O Bitcoin permite a liberdade humana de uma maneira que nunca se pensava possível no início do século XXI.

Passe este livro adiante e ajude a espalhar a palavra.

Perguntas e Respostas sobre Bitcoin

Nos últimos anos, os novatos e os céticos fizeram muitas perguntas sobre o Bitcoin. Esta seção tenta responder às importantes e frequentes, abordando alguns dos mitos, desafios, desvantagens e confusões comuns em torno do Bitcoin. Esta seção tem como objetivo fornecer informações fundamentais suficientes para que uma mente curiosa tenha um começo sólido, mas não é, de forma alguma, exaustiva.

Quem é Satoshi Nakamoto?

Satoshi Nakamoto é o criador anônimo do Bitcoin.

Nos dois primeiros anos da história do Bitcoin, Satoshi Nakamoto foi um membro ativo da comunidade. Satoshi postou on-line frequentemente com pensamentos sobre a tecnologia do Bitcoin e seu impacto social, contribuindo para o desenvolvimento do software. No final de 2010, Satoshi desapareceu.

Satoshi provavelmente possui centenas de milhões de dólares em bitcoin, que qualquer pessoa pode ver no blockchain. Essas moedas nunca se moveram, sugerindo que seu desaparecimento pode ser permanente. Até o momento, a identidade de Satoshi não foi revelada, tornando este um dos maiores mistérios do século XXI.

Quem controla o Bitcoin?

Não há nenhuma autoridade central responsável pelo Bitcoin. Não há CEO, conselho de administração ou empresa controladora. Um dos atributos mais fortes do Bitcoin é que seu criador não está mais envolvido.

Existem milhares de validadores em todo o mundo que verificam o blockchain do Bitcoin e armazenam o histórico completo das transações de bitcoin. Esses validadores são chamados nós completos (*full nodes*).

Conforme discutido no capítulo 2, os mineradores de todo o mundo competem para produzir blocos. Esses blocos são validados pelos nós completos. O software usado para executar esses nós completos é escrito pelos desenvolvedores do Bitcoin. E, é claro, as transações dentro desses blocos são iniciadas pelos usuários de suas exchanges, carteiras ou processadores de pagamentos. Todos esses participantes são essenciais para o funcionamento do Bitcoin, mas nenhum deles controla o Bitcoin.

Se um desenvolvedor decidir criar um software de nó completo radicalmente diferente, poucos o executarão. Se um minerador tentar infiltrar um novo bloco de transações que não atenda aos requisitos de validação, os nós completos rejeitarão esse bloco. Se os mineradores tentarem um golpe de Estado para impor novas funcionalidades na rede, eles falharão, pois não podem forçar os usuários a executar um software que não desejem executar.

Assim, qualquer alteração no Bitcoin requer consenso. Nesse sentido, o modelo de governança do Bitcoin é semelhante a uma democracia com freios e contrapesos. Os mineradores são como o poder executivo do governo, lidando com operações e aplicando as regras; desenvolvedores são como o poder legislativo, desenvolvendo e aprovando novas leis; os usuários são o poder judicial, garantindo que os outros dois poderes não façam nada inconstitucional.

O Bitcoin não é muito volátil?

O Bitcoin tem experimentado uma tremenda volatilidade desde a sua criação em 2009. Tomando um período mais longo como base, o Bitcoin valorizou-se significativamente desde o início, de menos de US$ 0,001 a mais de US$ 11.000,00 no momento em que este livro foi escrito. Conforme explicado no Capítulo 3, vários fatores contribuíram para que seu preço aumentasse a longo prazo e, provavelmente, continuarão a fazê-lo.

Satoshi Nakamoto estabeleceu a política monetária do Bitcoin logo no início. Nenhuma pessoa ou grupo pode decidir criar mais bitcoins ou alterar seu cronograma de emissão, pois os nós completos rejeitarão tais alterações.

Como resultado, o Bitcoin ficará mais vulnerável a manipulações de mercado, pois não possui mecanismos de correção de um banco central. Um banco central pode imprimir dinheiro novo ou comprar mais de seu próprio dinheiro de volta como forma de manter a estabilidade de preços. Como moeda descentralizada, sem reguladores corretivos, o bitcoin continuará apresentando volatilidade à medida que for adotado em todo o mundo.

A realidade econômica é a seguinte: as moedas precisam escolher entre a estabilidade de preços no curto prazo por meio da centralização ou o potencial para uma valorização do preço no longo prazo através da descentralização. Satoshi Nakamoto escolheu a descentralização.

Sobretudo, a volatilidade do bitcoin não o impediu de ter um tremendo valor no mundo real como ferramenta financeira para pessoas que estão presas em sistemas financeiros falidos. Os casos de uso do Bitcoin incluem fuga de sanções, hiperinflação, controle de capital e vigilância. Por enquanto, a volatilidade do dia-a-dia é um custo de oportunidade que os que possuem bitcoins estão dispostos a pagar.

O que realmente dá lastro ao valor do Bitcoin?

A resposta curta é que as pessoas dão lastro ao Bitcoin. Investidores suficientes o compram, por isso tem valor. Consulte o Capítulo 3 para obter uma explicação detalhada do que dá ao Bitcoin seu preço historicamente crescente. Existe uma demanda global por bitcoin como um ativo que é escasso, tem utilidade e, como tecnologia, faz coisas que nenhuma outra ferramenta financeira pode fazer.

Como é possível confiar no Bitcoin?

O mundo moderno está cheio de sistemas ou dispositivos complexos que ainda não são totalmente compreendidos e confiáveis. Os cuidados de saúde são prestados a pessoas que não são médicos. As previsões meteorológicas são publicadas para não-meteorologistas. Laptops são usados por pessoas que não são engenheiros eletricistas. Os viajantes não precisam entender de aerodinâmica para viajar de avião.

Os padrões para confiar em novos sistemas monetários devem ser mais rigorosos, pois há abusos freqüentes dessa confiança, muitos dos quais foram documentados ao longo deste livro. Mas, em última análise, a experiência no assunto não será necessária para confiar no Bitcoin e usá-lo. Eventualmente, enviar e receber bitcoin será tão fácil quanto enviar e receber um email. Por enquanto, os interessados em Bitcoin definitivamente devem pesquisar e se informar por conta própria. Muitas boas fontes de informação estão listadas na seção Recursos Adicionais deste livro, incluindo o código-fonte do Bitcoin Core, outros livros, sites e podcasts.

Quão seguro é o Bitcoin?

Quando usado corretamente, o Bitcoin é muito mais seguro, mais robusto e dá mais privacidade do que qualquer processador de pagamentos centralizado. Mastercard e Visa, por exemplo, saem do ar de tempos em tempos. O Bitcoin esteve totalmente online e operacional por 99,98% de sua história desde o lançamento em janeiro de 2009. As empresas de cartão de crédito também vendem regularmente informações de clientes e são hackeadas. O Bitcoin não pode vender nenhuma informação sobre seus usuários porque não há ninguém no controle. Ao contrário dos processadores de pagamentos e de muitos bancos, o Bitcoin não foi significativamente hackeado desde que o preço subiu acima de US$ 0,10 em 2010. Ninguém teve nenhuma de suas moedas roubada a nível de protocolo.. Este é um histórico notável.

Por que tantas exchanges de Bitcoin foram hackeadas?

As exchanges de criptomoedas são muito populares, tanto como um local para investidores comprarem bitcoin pela primeira vez, quanto também como um local para especuladores negociarem bitcoin por moedas fiduciárias ou outras criptomoedas. Como resultado, as exchanges mantêm grandes quantidades de bitcoin e de moedas fiduciárias em nome de seus clientes sob custódia, o que as torna alvos atraentes para hackers e ladrões. Serviços custodiais também armazenam cópias de RGs, passaportes e endereços residenciais pessoais de seus clientes como parte de seus procedimentos KYC ("Conheça o seu cliente").

Ataques podem ocorrer tanto interna quanto externamente. Ataques internos podem vir de funcionários que têm acesso privilegiado ao sistema da exchange e usá-lo para roubar fundos dos clientes. Ataques externos são realizados por hackers que usam vulnerabilidades de software, segurança operacional fraca e engenharia social para roubar bitcoins.

Muitas exchanges foram atacadas interna e externamente. Alguns poucos exemplos incluem Mt.Gox no Japão, Bitfinex em Hong Kong, Bitstamp na UE e, mais recentemente, Quadriga no Canadá. Cada um resultou em milhões de dólares em bitcoins perdidos. Esses hacks representam um forte aviso aos usuários que deixam que outra pessoa custodie seus bitcoins. Os clientes que negociam em exchanges podem retirar seus bitcoins periodicamente para suas carteiras pessoais para evitar possíveis perdas de hackers.

Criminosos usam bitcoin para lavagem de dinheiro?

Sim. Os criminosos têm usado bitcoin para lavagem de dinheiro e atividades ilegais, e continuarão a fazê-lo. O caso mais famoso é o Silk Road, um mercado na deep web onde o bitcoin foi usado para comprar e vender drogas consideradas ilegais nos Estados Unidos.

Como o Bitcoin é uma tecnologia de livre acesso, qualquer pessoa pode usá-lo, como o celular ou a internet. Poucos questionam a legitimidade destas tecnologias onipresentes hoje em dia ou pedem sua proibição por uso de malfeitores. Muitas pessoas direcionam um ceticismo hostil às tecnologias quando elas surgem pela primeira vez.

De qualquer forma, a maioria absoluta dos crimes financeiros no mundo de hoje é realizada usando o sistema financeiro existente por meio de bancos regulados e intermediadores financeiros. A maioria das fraudes é cometida por governos e empresas multinacionais, e não por indivíduos desonestos. Os governos democráticos adotaram regras de prevenção à lavagem de dinheiro (PLD) para pressionar os bancos a bloquear certas transações, mas mais de US$ 1 trilhão continuam sendo lavados pelo sistema bancário todos os anos. Para dar um exemplo, recentemente foi divulgado que uma única filial do banco dinamarquês Danske Bank lavou incríveis US$ 230 bilhões, o que é mais do que o valor de mercado de todos os bitcoins em circulação no momento da redação deste livro.

Portanto, embora os criminosos usem bitcoin, eles preferem o sistema atual, de moeda fiduciária.

O Bitcoin é uma pirâmide financeira?

Uma pirâmide financeira, ou esquema Ponzi, promete aos investidores grandes lucros com muito pouco risco. Os esquemas Ponzi alcançam esses retornos pagando seus primeiros investidores com dinheiro coletado de investidores posteriores. Não existe um mecanismo real de lucro além da tentativa de se conseguir o maior número possível de novos investidores para pagar os que vieram antes. Esses esquemas entram em colapso quando não há novos investidores a serem recrutados.

Bitcoin não é um esquema Ponzi. Não há nenhum grupo de pessoas por trás do Bitcoin tentando atrair novos compradores para pagar os antigos compradores. As pessoas que orquestram os esquemas Ponzi, no entanto, podem aceitar bitcoin de seus investidores da mesma maneira que fazem com todas as outras formas de dinheiro.

Bitcoin é uma bolha?

Uma bolha acontece quando investidores especulativos compram um ativo financeiro em massa a um preço muito além do que é justificável por seu valor fundamental. As bolhas sempre estouram assim que as pessoas perdem a fé no ativo e nenhum outro investidor está disposto a comprar pelo preço pedido. Exemplos históricos incluem tulipas holandesas nos anos 1500, a South Sea Company nos anos 1700 e as ações de empresas de tecnologia (Dotcom) no início dos anos 2000.

O capítulo 3 descreveu alguns dos principais fatores da volatilidade dos preços do Bitcoin. Devido à volatilidade natural de um ativo com uma política monetária rígida, choques regulares na oferta, instabilidade e colapso de outras criptomoedas, manipulação de mercado e natureza alavancada do trading de bitcoin, houve vários picos de preços que foram seguidos por quedas significativas. Esta é uma tendência que provavelmente continuará.

Ao se considerar o valor a longo prazo, os fatores de preço e a natureza descentralizada do Bitcoin, seu valor deve aumentar naturalmente à medida que mais pessoas o usam. Diferentemente das tulipas ou das ações Dotcom, o valor do Bitcoin repetidamente se recuperou e subiu após cada grande crash, à medida que mais e mais pessoas ao redor do mundo adquiriram bitcoins.

O que é o Tether e como isso afeta o Bitcoin?

Tether, ou USDT, é uma moeda que supostamente deveria estar atrelada ao dólar americano. Para conseguir isso, a empresa por trás do Tether pretendia lastrear cada token do Tether em circulação a um dólar americano na conta bancária da empresa. Isso facilitou a especulação de criptomoedas, já que a maioria das pessoas ainda pensa em termos de moedas fiduciárias.

Portanto, ter o USDT como substituto para dólares americanos tornou possível qualquer pessoa negociar ativamente contra o dólar em muitas exchanges cripto-cripto.

No entanto, em abril de 2019, o consultor jurídico da Tether revelou que eles só tinham dólares americanos para garantir 74% dos Tethers em circulação. Se o vínculo do Tether ao dólar quebrar, seu colapso de preço pode causar volatilidade no bitcoin a curto prazo - mas há vários concorrentes no Tether que estão bem preparados para assumir seu papel.

Os governos podem banir ou desativar o Bitcoin?

Como não há empresa, conjunto de servidores coordenado centralmente ou equipe única executando o Bitcoin, não há uma maneira prática de se desligar a rede.

Bitcoin é um software de código aberto, o que significa que o código fonte está disponível livremente na internet. A corrupção ou alteração deste software é muito difícil porque as pessoas o estão monitorando. Qualquer pessoa pode baixar, usar, copiar e executar o software Bitcoin e validar seu livro-razão. É isto que chamam rodar um nó completo. Quanto mais nós completos existirem na rede, mais resiliente o Bitcoin se torna.

Os governos podem tornar o Bitcoin mais difícil de ser usado, mas isso seria como enxugar gelo. Considere a experiência de negociar moeda fiduciária por Bitcoin em um país como a China. Como mencionado no Capítulo 1, os indivíduos chineses estão limitados a converter US$ 50.000 a cada ano de seus CNY, mas continuam a usar o bitcoin para mover dinheiro para o exterior.

Mesmo um estado policial grande e rico não pode impedir que seus cidadãos usem Bitcoin. Como a rede não possui um ponto único de falha, os governos não podem desativar a rede Bitcoin.

O Bitcoin é semelhante à internet, nesse aspecto. Um governo pode impedir que os cidadãos acessem partes da internet - por exemplo, com o Grande Firewall Chinês - mas cidadãos censurados usarão ferramentas como VPNs e criatividade para contornar essas restrições. Nenhum governo pode bloquear o acesso à rede Bitcoin sem remover o acesso à própria internet, um custo que poucos governos além da Coreia do Norte parecem dispostos a suportar.

Governos autoritários poderiam proibir a posse de bitcoin, mas a sua aplicação seria extremamente difícil. Devido à sua natureza digital, esconder o bitcoin é relativamente fácil. Armazenar bitcoin em um telefone, dispositivo USB ou mesmo na própria mente são todas opções muito difíceis de se descobrir e penalizar. Por outro lado, ouro, imóveis, ações e moedas fiduciárias em contas bancárias são relativamente fáceis para os governos localizarem e confiscarem.

Bitcoin é juridicamente legal?

Em geral, sim. Até este momento, em agosto de 2019, sua posse é permitida em todos os países, exceto Namíbia, Argélia, Bolívia, Iraque, Marrocos, Nepal, Paquistão, Emirados Árabes Unidos e Vietnã. Do ponto de vista regulatório, o Bitcoin percorreu um longo caminho: nos últimos 10 anos, o Bitcoin deixou de ser visto como o dinheiro dos criminosos on-line para ser reconhecido pelo FMI, membros do Congresso dos EUA e Wall Street.

Na China, o governo controla as exchanges de criptomoedas e a criação de novos tokens, mas o bitcoin é legalmente reconhecido como propriedade digital. Mesmo no Irã, a mineração de bitcoin agora é uma indústria legalizada.

No continente africano, os governos da maioria dos países não têm posição pública. Em lugares como Nigéria e Quênia, funcionários públicos alertam contra o seu uso, mas não existem regulamentos concretos. Atualmente, a África do Sul é o único país africano em que o bitcoin é oficialmente aceito e regulamentado.

No Canadá, EUA, Brasil e UE, a posse e o uso de bitcoin são legais.

Alguns países criaram uma estrutura de licenciamento específica para empresas que desejam operar exchanges de criptomoedas. Estes incluem o Japão, Malta, Filipinas e Tailândia.

Implicações fiscais são mais complicadas e são determinadas pela maneira como cada governo classifica o bitcoin. Se uma autoridade tributária considerar o bitcoin como propriedade, os indivíduos serão tributados de acordo com sua aquisição, liquidação, valorização e depreciação, semelhante a um imóvel.

Olhando para o futuro, se os governos quisessem conspirar para proibir o bitcoin, é improvável que eles pudessem chegar a um acordo. Mesmo que alguns países conseguissem estabelecer uma proibição, outros países entrariam em cena e acolheriam os mineradores, empresários e comerciantes de bitcoin. Haveria uma migração de talento e riqueza para essas jurisdições mais amigáveis, fazendo com que os governos restritivos repensassem suas políticas.

A mineração de bitcoin é um desperdício de energia ou ruim para o meio-ambiente?

Usando dados de junho de 2019, a rede Bitcoin consome cerca de 73 terawatt-hora de eletricidade por ano. Isso representa um pouco mais do que o consumo da Áustria (69 terawatt-hora/ano), mas muito menos que o da China (6.100 terawatt-hora/

ano) e o dos Estados Unidos (3.900 terawatt-hora/ano), os dois maiores consumidores de energia.

Os críticos apontam prontamente que isso é uma quantidade enorme de energia. Embora isso seja tecnicamente correto, não aborda se o Bitcoin desperdiça energia ou é ruim para o meio ambiente. As fontes de energia que os mineradores de Bitcoin normalmente usam e o valor que o Bitcoin fornece podem fornecer algum contexto.

Evitando o Desperdício de Energia com a Mineração de Bitcoin

A mineração de Bitcoin pode ajudar a fornecer um bom uso para excessos de capacidade produtiva de energia. A mineração é um negócio móvel e de baixa margem. Portanto, as empresas de mineração têm um incentivo para e uma capacidade especialmente grandes de fisicamente buscar a eletricidade mais barata possível. Freqüentemente, as fontes de energia mais baratas estão em locais remotos ou inacessíveis, onde há capacidade produtiva não utilizada.

A maioria da mineração de Bitcoin ocorre na China, onde as usinas produzem, coletivamente, um excedente de 200 terawatt-hora por ano. Como não é possível armazenar tanta energia (a maior fazenda de baterias do mundo pode armazenar apenas cerca de 0,5% dessa quantidade) - e nem transmiti-la efetivamente para regiões remotas - essa eletricidade normalmente não é consumida. Em vez de desperdiçar esse potencial, as usinas de energia podem comprar equipamentos de mineração de bitcoin e transformar o excesso de energia em novos bitcoins. Isso é possível em qualquer local em que uma fonte de energia gere mais do que pode ser usado imediatamente.

A Dependência de Energia Renovável da Mineração do Bitcoin

Hoje, a maioria da mineração de bitcoin é feita com energia renovável, que tem um impacto mínimo no meio ambiente. De acordo com as estimativas mais recentes, atualmente cerca de 75% de toda a mineração de bitcoin é feita com fontes de energia hidrelétrica, solar, eólica e geotérmica. Cerca de 50% da mineração de bitcoin de energia renovável é realizada em uma área da China alimentada por usinas hidrelétricas.

As usinas hidrelétricas têm uma enorme capacidade de produção de energia, mas geralmente são subutilizadas. A mineração de bitcoins coloca o excesso de capacidade em uso, pois a operação de mineração pode ser colocada ao lado da usina hidrelétrica, eliminando os custos de transmissão. A receita gerada torna a produção e pesquisa de energia hidrelétrica mais rentável, incentivando seu uso. Dessa forma, a mineração de Bitcoin subsidia a energia hidrelétrica.

Da mesma forma, a mineração também pode incentivar mais produção de energia solar, eólica e geotérmica.

Mineração de Bitcoin Possibilita Dinheiro Seguro e Acessível

Os mineradores de Bitcoin fornecem segurança para a rede. Conforme discutido no capítulo 2, a eletricidade necessária para as mineradoras buscarem por números raros de provas-de-trabalho para propor blocos válidos torna a fraude muito cara. Quanto mais mineração de bitcoin houver, mais difícil será atacar a rede. A energia usada para proteger o livro-razão pode ser comparada ao custo de criação e manutenção de um cofre de alta segurança que protege US$ 200 bilhões em ativos.

O Bitcoin pode ser apenas uma das muitas opções financeiras para quem vive no primeiro mundo, mas em outras partes do mundo, serviços de pagamento como Venmo ou ApplePay não estão disponíveis. Considerar a mineração de Bitcoin um desperdício de energia é não levar em conta a utilidade que o Bitcoin oferece às pessoas com pouco acesso tecnológico. Parte dessa energia é destinada ao processamento de transações para pessoas que não possuem contas bancárias ou documentos de identidade ou que não desejam que suas atividades financeiras sejam minuciosamente supervisionadas por governos. Bancos e cartões de crédito podem exceder a utilidade do Bitcoin em um lugar como os Estados Unidos, mas não ajudam em nada um trabalhador imigrante desbancarizado em Dubai ou um iraniano que vive sob sanções da ONU.

Uso de Energia e Inovação Tecnológica

O Bitcoin é uma grande inovação tecnológica, permitindo muitas coisas descritas neste livro que o atual sistema monetário não pode fazer. Historicamente, as novas tecnologias consomem mais energia do que os sistemas antigos que substituem. Por exemplo, considere a disrupção do cavalo pelo carro; da tenda médica pelo hospital moderno; da lavagem a mão por uma máquina de lavar; de uma caixa de gelo pela geladeira; e de lâmpadas de óleo por lâmpadas elétricas. O custo da eletricidade da inovação tecnológica é compensado pela melhoria da qualidade de vida que traz. À medida que a civilização avança, mais energia é gasta por indivíduo. A inovação aprimora a sociedade e nenhuma inovação é adotada sem alguns custos de oportunidade. Os custos de oportunidade no Bitcoin são o uso de eletricidade em troca de um sistema monetário justo, conveniente e seguro. O Bitcoin usa muita energia, mas está impulsionando a inovação para energia renovável. O Bitcoin fornece um valor tremendo, especialmente para os pobres e oprimidos, e substitui um sistema antigo e defeituoso que usa ainda mais energia.

E se alguém com um supercomputador ou computador quântico hackear a rede Bitcoin?

Em teoria, a rede Bitcoin pode ser comprometida por um invasor com um poder de computação alto o suficiente. Na prática, isso é muito difícil de ser feito.

Usando hardwares atuais, um invasor teria de financiar, construir e operar uma instalação de mineração a um custo de mais de US$ 1 bilhão e, em seguida, encontrar um fornecedor de energia com uma produção equivalente à uma usina de Belo Monte exclusiva para essa operação. Os mesmos recursos, quando dedicados honestamente à mineração, financiariam uma empresa extremamente lucrativa. Tal ataque é, portanto, economicamente irracional.

No momento da redação deste livro, estes são os fatos sobre a computação quântica:

1. Os computadores quânticos são ordens de magnitude mais lentos em comparação com os computadores convencionais.

2. Computadores quânticos são extremamente caros de se construir e continuarão a ser proibitivos em relação aos custos por um bom tempo ainda.

3. Os algoritmos quânticos mais conhecidos são um salto científico significativo, mas ainda assim exigiriam muitos bilhões de computadores funcionando por bilhões de anos para quebrar a criptografia usada no Bitcoin.

Mesmo que os cientistas descobrissem novos algoritmos quânticos que pudessem quebrar a criptografia moderna, a criptografia à prova de computação quântica seria então incorporada ao Bitcoin.

Em outras palavras, os usuários e a comunidade de desenvolvedores do Bitcoin estariam um passo à frente de qualquer hacker quântico. Embora a comunidade Bitcoin deva estar atenta às possibilidades de ataque em larga escala, o usuário médio de bitcoin não precisa se preocupar.

Como o Bitcoin pode permanecer descentralizado?

Uma das propriedades mais importantes do Bitcoin é que qualquer pessoa no mundo pode baixar uma cópia completa de todo o registro do Bitcoin - todas as transações já feitas na rede - e verificar se o registro histórico está correto.

Conforme abordado no Capítulo 2, essa prática é chamada de execução de um nó completo. A facilidade de operação de um nó completo é fundamental para a resistência à censura da rede Bitcoin. Se esta rede dependesse de um punhado de empresas ou um pequeno grupo de pessoas ricas para rodar nós completos, eles poderiam conspirar e adulterar os registros ou roubar moedas. Cada usuário pode, rodando um nó completo, verificar tudo sem ter que confiar em mais ninguém. Se fossem necessários equipamentos caros ou conexões rápidas à internet para rodar um nó completo, isso forçaria pessoas mais pobres a confiarem em outros. A rede naturalmente se centralizaria em locais de primeiro mundo e em empresas de alta tecnologia.

Felizmente, como os requisitos para rodar um nó completo são muito baixos, muitos milhares de usuários em continentes diferentes, completamente desconhecidos uns dos outros, verificam o blockchain do Bitcoin continuamente. Além disso, com hardwares amigáveis de nós completos cada vez mais disponíveis no mercado, operar um nó completo em casa fica acessível a usuários não-técnicos. Atualmente, vários pesquisadores de instituições como o MIT e Stanford estão ajudando a criar maneiras para que pessoas possam, futuramente, rodar um nó completo em seus celulares, o que melhoraria ainda mais a descentralização da rede Bitcoin.

O Bitcoin protege a privacidade?

Um equívoco popular é pensar que o Bitcoin é anônimo. Bitcoin é pseudônimo e, com suficiente trabalho de detetive e análise forense, as transações e a identidade de um usuário podem ser conectadas. Com uma segurança operacional adequada, um usuário experiente de bitcoin pode disfarçar transações a ponto de dificultar a vigilância. Com tempo ou recursos suficientes, no entanto, um Estado-nação ou corporação motivada pode, mesmo assim, rastrear um indivíduo.

Dito isto, o bitcoin fornece muito mais privacidade para transações do que os sistemas de pagamentos existentes. Compras online podem ser feitas com bitcoin sem revelar dados pessoais, como nome, conta bancária ou endereço. Isso é uma melhoria em relação ao sistema bancário existente, em que governos, corporações e comerciantes exigem e, em seguida, compartilham, vendem ou vazam dados pessoais diariamente.

As melhorias contínuas e previstas no Bitcoin, como a Lightning Network, Taproot, Graftroot e Assinaturas de Schnorr, tornarão, coletivamente, as transações privadas de bitcoin mais baratas e fáceis. O Bitcoin tem o potencial de ser uma excelente tecnologia de privacidade, tornando a vigilância financeira em massa extremamente difícil.

A internet já foi completamente aberta e pública. Como usuários e empresas exigiam mais transações privadas, os desenvolvedores adicionaram camadas de privacidade sobre a internet original. A comunicação privada agora é possível usando aplicativos que enviam mensagens criptografadas automaticamente. Bitcoin está seguindo um caminho semelhante.

Como o Bitcoin pode atender às necessidades de 7 bilhões de pessoas?

Em 1989, quando os cientistas inventaram a World Wide Web para rodar sobre a internet, a idéia de que os usuários pudessem um dia trocar fotos ou vídeos parecia tecnicamente impossível. À medida que a tecnologia melhorava e evoluía, a internet foi sendo ampliada para acomodar aplicativos antes impensáveis por gastarem muitos recursos, como videoconferência e streaming de vídeo. A cada minuto no YouTube, é feito upload de 300 horas de vídeo, e 5 bilhões de vídeos são assistidos todos os dias. Assim como a internet, existem muitas maneiras de tornar o Bitcoin escalável.

Como discutido no Capítulo 4, as capacidades do Bitcoin estão sendo aumentadas atualmente através da Lightning Network. Além de melhorar a privacidade das transações, a Lightning Network também ajuda a rede Bitcoin a escalar.

A Lightning pode lidar com milhões de transações de bitcoin por segundo. O Bitcoin está no caminho de escalar exponencialmente, enquanto as redes de pagamentos tradicionais, como a Visa, escalam linearmente adicionando cada vez mais servidores. O Bitcoin pode revolucionar o dinheiro e permitir produtos completamente novos, usando micropagamentos tão granulares quanto um milésimo (1/1000) de satoshi por vez.

Através de uma combinação de transações ocasionais on-chain, cautelosas, lentas, ultra-seguras e resistentes à censura; e transações instantâneas, em lote, e baratas na Lightning Network, o Bitcoin pode se tornar um sistema de pagamentos global completo. É uma visão que vale a pena perseguir, pois tiraria ainda mais o poder financeiro das mãos de governos e corporações e o colocaria de volta nas mãos das pessoas.

Embora seja difícil imaginar hoje, o Bitcoin atender às necessidades de bilhões de pessoas não é um conceito menos estranho do que transmitir vídeo para bilhões de espectadores na internet uma vez já foi.

Existe desigualdade extrema de riqueza no Bitcoin?

As pessoas que estavam envolvidas com o Bitcoin em um estágio inicial tiveram a oportunidade de acumular muitos bitcoins. O blockchain, no entanto, mostra que muitos adeptos iniciais de 2009 a 2012 também venderam seus bitcoins no mesmo período. Muitos que compraram a US$ 1 em 2011 venderam por US$ 4 uns meses mais tarde ou por US$ 30 alguns meses depois.

Muitos adeptos iniciais não tinham estômago para enfrentar a extrema volatilidade e incerteza do início ou perderam suas chaves privadas, tornando seus bitcoins permanentemente inacessíveis. Aqueles que aguentaram, continuaram apoiando o ecossistema desde sua infância e genuinamente acreditam no potencial do Bitcoin de mudar o mundo. Hoje, existem alguns milhares de endereços que armazenam a maioria dos bitcoins. Alguns são indivíduos que agora são extremamente ricos. A maioria são empresas que usam esses endereços para armazenar a riqueza de dezenas de milhares de seus clientes (por exemplo: Coinbase, Binance). Como não há correlação individual entre endereços e usuários, é difícil dizer exatamente qual é a distribuição de riqueza.

Bitcoin não vai resolver a desigualdade econômica. Quem afirma isso está mentindo. No entanto, como uma reserva de valor universalmente acessível que não pode ser desvalorizada pelos governos, o Bitcoin oferece aos poupadores uma chance justa de manter o que ganham à medida que envelhecem, diferentemente do sistema monetário atual.

Se existem apenas 21 milhões de bitcoins, como poderão ser usadas pelo mundo?

Normalmente, as unidades monetárias fiduciárias são divididas em 100 subunidades, chamadas centavos. USD e EUR podem ser divididos em 100 centavos, CNY em 10 jiao ou 100 fen e CZK (coroa checa) em 100 haler.

Os bitcoins, por outro lado, podem ser divididos em 100.000.000 (cem milhões) de unidades menores. A unidade atômica do bitcoin é chamada de satoshi (ou sat, para abreviar) em homenagem ao inventor do Bitcoin.

Assim, a oferta total de bitcoin é de 2.100.000.000.000.000 de satoshis. Para se ter uma ideia, isso é mais divisível que o dólar americano, cuja oferta monetária M2 é de 1.500.000.000.000.000 centavos, até o momento. A divisibilidade do bitcoin é igual ou melhor que a do dólar.

Como um exercício mental, se dividirmos todos os satoshis existentes entre as 7 bilhões de pessoas do mundo, isso resultaria em 300.000 sats por pessoa. Isso parece divisibilidade suficiente para satisfazer as atividades econômicas de cada indivíduo, caso o bitcoin se torne o dinheiro dominante no mundo.

Como posso comprar bitcoin? O preço é alto demais!

O Bitcoin é divisível, por isso é possível comprar uma pequena fração de um bitcoin - atualmente, $5 ou $25 em bitcoin equivalem a 0,00044 bitcoins e 0,0022 bitcoins, respectivamente.

Como adquiro bitcoins?

As principais maneiras de se obter bitcoin são:

1. Minerando
2. Comprando
3. Sendo pago

Minerando

Neste ponto da história do Bitcoin, a mineração de Bitcoin é um negócio com margem muito baixa. Assim como a mineração de ouro, o equipamento, os contatos no setor e o conhecimento especializado para minerar lucrativamente exigem anos de experiência e milhões de dólares em capital. Como tal, a mineração se tornou o domínio de empresas e organizações com conhecimento e recursos significativos, e é inviável para indivíduos inexperientes. Para novos usuários, o bitcoin será mais barato de se adquirir comprando ou sendo pago do que pela mineração.

Comprando

Existem várias maneiras de comprar bitcoin, algumas com mais privacidade que outras. Os caixas eletrônicos de Bitcoin e a troca direta entre pessoas (peer-to-peer) são rápidos e têm relativa privacidade.

Quem quer investir também pode se registrar em exchanges on-line, muitas das quais estão listadas em Recursos Adicionais. As corretoras exigem que novos clientes enviem suas informações pessoais e o processo de aprovação leva de alguns minutos a alguns dias. Essas empresas agem como bancos e mantêm os bitcoins e o dinheiro fiduciário de seus clientes sob custódia. Portanto, usá-los envolve abrir mão de alguma privacidade. Quem quiser garantir a propriedade de seus bitcoins pode sacar os bitcoins desses serviços, transferindo-os para suas carteiras pessoais.

Sendo Pago

Usando uma carteira Bitcoin ou Lightning, qualquer pessoa pode receber diretamente bitcoin como pagamento por bens ou serviços. Funcionários podem usar serviços de pagamento em Bitcoin para receber uma parte de seus salários em bitcoin em vez de em moeda fiduciária.

Como uso uma carteira de bitcoin?

Existem muitos tipos diferentes de carteiras de bitcoin, incluindo carteiras físicas, carteiras em software para computadores, no celular e online. Cada uma delas tem diferentes níveis de segurança, conveniência e privacidade que os usuários devem avaliar.

Uma maneira razoavelmente segura de se armazenar bitcoin é por meio de uma carteira física não-custodial, como as que estão listadas em Carteiras Físicas ao final deste livro em Recursos Adicionais. Enquanto isso, a maneira mais conveniente de se começar é baixar uma carteira gratuita de celular, como as listadas em *Carteiras de Celular*, também em *Recursos Adicionais*.

Após o download, o primeiro passo para configurar uma carteira Bitcoin é criar um backup. Esse backup é conhecido como uma *frase semente*, ou *seed phrase*, já que a maioria das carteiras está em inglês, e é usado para recriar a carteira caso você a perca. A *seed phrase* é uma lista de palavras que geralmente são escritas em um pedaço de papel. Como uma seed phrase pode ser usada para recriar a carteira, ela deve ser cuidadosamente guardada e protegida. Pense nessa frase semente da mesma maneira em que você olha para uma barra de ouro ou um diamante. A frase semente tem um valor significativo e deve ser protegida de acordo. À medida que o ecossistema cresce, novas carteiras se focam em diminuir a complexidade e, ao mesmo tempo, melhorar a usabilidade, segurança e privacidade.

Depois que uma carteira é configurada, ela pode gerar endereços individuais para cada nova transação. Isso é diferente da maneira como os pagamentos bancários comuns funcionam, que normalmente oferecem ao cliente apenas um número de conta. O Bitcoin traz uma privacidade financeira melhor usando endereços exclusivos, todos pertencentes à mesma carteira de bitcoin.

Como mencionado na seção *Por que Tantas Exchanges Foram Hackeadas?*, os investidores que usam serviços custodiais estão sujeitos a riscos de invasão por hackers. Você mitiga esse risco resgatando seus fundos para uma carteira pessoal depois de comprar seus bitcoins.

Recursos Adicionais

O Whitepaper do Bitcoin

Bitcoin: A Peer-to-Peer Electronic Cash System de Satoshi Nakamoto é a obra-prima original que colocou os últimos dez anos de inovação financeira em movimento.

Código Fonte

Bitcoin Core é o código-fonte do software de nó completo de referência do Bitcoin. Originalmente criado por Satoshi Nakamoto, o Bitcoin Core tem contribuições de mais de 500 desenvolvedores ao redor do mundo.

Livros

The Internet of Money (Vol 1 & 2) de Andreas M. Antonopoulos, é um mergulho profundo no "porquê" do Bitcoin em uma série de seus artigos e palestras.

Programming Bitcoin de Jimmy Song, é um prático guia técnico de um dos principais professores de programação de Bitcoin para desenvolvedores interessados em criar e contribuir com a tecnologia.

The Bitcoin Standard de Saifedean Ammous, fornece uma história econômica do dinheiro e uma explicação de como o Bitcoin fornece uma alternativa aos bancos centrais.

Inventing Bitcoin de Yan Pritzker, é um passo a passo de como o Bitcoin funciona que necessita de nada além do que conhecimento matemático de ensino médio.

Grokking Bitcoin de Kalle Rosenbaum, é um guia totalmente ilustrado de como o Bitcoin funciona.

Bitcoin Money: A Tale of Bitville Discovering Good Money de The Bitcoin Rabbi, é um livro infantil com personagens coloridos para ajudar as crianças a aprender sobre o Bitcoin.

Mastering Bitcoin: Programming the Open Blockchain de Andreas M. Antonopoulos, é um guia abrangente de programação para e com o Bitcoin.

Sitios Web & Publicaciones

Bitcoin.org contém informações úteis sobre como começar, além de documentação e links para outros recursos. O uso do Bitcoin.com não é recomendado, pois o site cria confusão intencional entre outras criptomoedas e o BTC, na tentativa de fazer com que os clientes as comprem.

Bitcoin.page é um verdadeiro baú de tesouros de recursos e informações educacionais sobre o Bitcoin, com a curadoria cuidadosa de Jameson Lopp.

Bitcoin Wiki é um recurso público para a comunidade de usuários, desenvolvedores, empresas e qualquer pessoa interessada em Bitcoin.

Coin Center é uma organização sem fins lucrativos sediada nos EUA, focada nas questões políticas enfrentadas pelo Bitcoin e outras criptomoedas. Eles publicam constantemente relatórios esclarecedores em linguagem simples sobre vários tópicos.

Bitcoinmining.com possui recursos sobre mineração de Bitcoin: como funciona, como começar e uma lista de comparações de hardware.

Global Coin Research foca nas tendências de criptomoeda nos Estados Unidos e na Ásia.

Podcasts

Tales from the Crypt é um podcast organizado por Marty Bent onde ele discute Bitcoin com pessoas interessantes.

What Bitcoin Did é um podcast que vai ao ar duas vezes por semana, onde Peter McCormack entrevista líderes e influenciadores da comunidade Bitcoin.

The Stephan Livera Podcast é um podcast focado em entrevistas e discussões educacionais sobre a economia e a tecnologia do Bitcoin.

Noded é um podcast hospedado por Michael Goldstein e Pierre Rochard focado em novos desenvolvimentos técnicos em Bitcoin.

Off the Chain é um podcast de Anthony Pompliano que explora como os investidores do novo e antigo sistemas financeiros estão pensando em ativos digitais como o Bitcoin.

Unchained e Unconfirmed são podcasts semanais onde a apresentadora Laura Shin entrevista grandes nomes do mundo cripto.

Let's Talk Bitcoin apresenta as idéias e as pessoas envolvidas com criptomocda através de uma série de entrevistas e conversas com um grupo de apresentadores regulares.

The Bitcoin Knowledge Podcast é um podcast onde Trace Mayer entrevista colaboradores importantes da indústria de Bitcoin para ajudar os ouvintes a entender melhor a tecnologia.

Online Exchanges

Aviso: Embora esta seção mencione sites, aplicativos ou serviços específicos dentro do ecossistema Bitcoin, isso não deve ser interpretado como endosso ou assessoria de investimento. Como em outras partes deste livro, o leitor é incentivado a pesquisar por conta própria.

Fiat-Cripto

Bitfinex - Exchange baseada em Hong Kong, lançada em 2014

CashApp - aplicativo da Square para iOS e Android para comprar bitcoin usando cartões de débito

Kraken - exchange nos EUA e na UE, lançada em 2014

Cripto-Cripto

Binance - exchange baseada em Malta, lançada em 2017

BitMex - exchange baseada em Seicheles, lançada em 2014

Bittrex - exchange americana, lançada em 2016

Mercados Persona-a-Persona

LocalBitcoins - Marketplace finlandês de bitcoin, lançado em 2012

Paxful - Marketplace de bitcoin dos EUA, lançado em 2015

Bisq - Um marketplace focado em privacidade, lançado em 2014

Carteiras

Custodiais (os clientes não controlam suas chaves privadas)

Blockchain.info
CashApp
Coinbase

Não-Custodiais (os clientes controlam suas chaves privadas)

BreadWallet - Carteira iOS
Bitcoin Core - Carteira para desktop
Casa Keymaster - Aplicativo de multi-assinatura para
Android e iOS com suporte a carteiras físicas
Samourai - Carteira Android
Wasabi - Carteira para desktop

Físicas (os clientes controlam suas chaves privadas)

ColdCard
Ledger
Trezor

Soluções de nó completo

Casa Node - nó completo Plug & Play de Lightning
Network e Bitcoin
Nodl - nó completo de Bitcoin e Lightning Network

Glossário

assinatura digital - prova de que o usuário ou assinante conhece a chave privada de um determinado endereço. Isso é conceitualmente semelhante a assinar um cheque bancário para confirmar que uma determinada pessoa é o titular da conta, mas tem a vantagem adicional de não precisar revelar a caligrafia da pessoa. Ao enviar bitcoins, o remetente assina a transação, comprovando a propriedade do bitcoin enviado, sem revelar a chave privada.

autoridade central - uma agência ou organização que toma decisões em um determinado sistema.

backdoor - do inglês, porta dos fundos, é um método de acesso alternativo e sigiloso que contorna as medidas de segurança de um sistema. Representa uma vulnerabilidade que pode ser explorada por um agente malicioso.

bancor - a unidade da moeda global proposta em Bretton Woods em 1944.

Bitcoin - um sistema de dinheiro descentralizado, digital e escasso criado por Satoshi Nakamoto.

bitcoin - a unidade de valor na rede Bitcoin. Cada bitcoin é composto por 100.000.000 de satoshis.

blockchain - um sistema de contabilidade descentralizado, pioneiro no Bitcoin. No Bitcoin, o blockchain rastreia quantos bitcoins há em cada endereço. Um blockchain é composto por blocos.

blockchain público - um blockchain que pode ser baixado, acessado e navegado por qualquer pessoa.

bloco - um grupo de transações de bitcoin combinadas com um número raro de prova-de-trabalho. Um bloco é equivalente a uma página no livro-razão do Bitcoin. Um novo bloco é criado aproximadamente a cada 10 minutos.

BTC - símbolo ou ticker usado para representar bitcoin em exchanges, comércios e carteiras. XBT também é um símbolo popular.

cartão Octopus - um cartão para pagamentos eletrônicos em Hong Kong.

carteira - um aplicativo (software) ou dispositivo (hardware) que permite aos usuários enviar e receber bitcoins.

centralizado - um sistema com um ponto único de falha. Pode ser, por exemplo, um sistema executado por uma pessoa, fundação, empresa ou governo.

Chase - empresa americana de serviços financeiros.

chave privada - semelhante a uma senha de uma conta bancária, uma chave privada permite a transferência bitcoins de uma determinada carteira. Possuir as chaves privadas é, portanto, o mesmo que possuir os bitcoins.

custodial - um aplicativo ou serviço que mantém o controle da sua chave privada em seu nome.

descentralizado - um sistema sem um ponto único de falha.

endereço - semelhante a um número de conta bancária, um endereço de bitcoin é onde o bitcoin é recebido. Cada endereço possui uma chave privada correspondente que permite ao proprietário gastar o bitcoin por meio de uma assinatura digital.

exchanges - um site que permite negociar criptomoedas, como uma espécie de bolsa de valores de criptomoedas. Também chamadas de corretoras.

exchanges com alavancagem - uma exchange que permite negociar até 100 vezes o valor depositado.

exchanges cripto-cripto - uma exchange que permite negociar apenas entre criptomoedas.

exchanges fiat-cripto - uma exchange que permite a negociação entre moedas fiduciárias e criptomoedas.

exchange peer-to-peer - uma exchange que requer um encontro presencial para executar uma negociação.

family offices - escritórios que provém uma assessoria completa para famílias de grande patrimônio, e geralmente também gerenciam estas fortunas.

fiat - ver moeda fiduciária.

FOMO - do inglês, "Fear Of Missing Out", ou "medo de ficar de fora", um termo frequentemente usado para descrever mentalidade de rebanho e decisões irracionais de compra.

frase semente - é uma lista de palavras que são usadas para resgatar uma carteira. Seed phrase, em inglês.

full node - ver nó completo.

halving - um evento na rede Bitcoin em que a cada 4 anos, a recompensa de mineração em um bloco cai pela metade.

KYC - do inglês, "Know Your Customer", ou "Conheça seu cliente", uma prática imposta pelos governos que obriga bancos e outras empresas a reunir muitas informações pessoais sobre alguém antes de fornecer um serviço financeiro. Essas informações são fornecidas então aos governos por meio de leis como a Lei de Sigilo Bancário dos EUA.

Lightning Network - do inglês, Rede Relâmpago, um sistema desenvolvido para aumentar a capacidade de processamento de transações do Bitcoin para milhões de transações por segundo. Essa inovação também adiciona significativa privacidade às transações de Bitcoin.

liquidez - a quantia de um ativo que é facilmente comprado ou vendido em um determinado período.

minerador - um indivíduo ou um grupo (chamado de "pools de mineração") que usa computadores especializados para encontrar números raros de provas-de-trabalho para criar novos blocos.

moeda fiduciária - uma moeda emitida por um banco central. Também usada como em inglês, fiat.

não-custodial - quando um aplicativo ou serviço não custodia seus bitcoins, ou seja, você mantém o controle da chave privada.

nó completo - software usado para validar as transações e a integridade do blockchain. Frequentemente usado em inglês, *full node*.

padrão dólar - o sistema de dominação monetária pelo dólar no comércio global. Começou em 1944 depois de Bretton Woods e continuou em 1971 através do petrodólar.

padrão ouro - um sistema monetário mundial dominante em que o valor da moeda fiduciária de uma nação era lastreado por uma quantidade de ouro que esse governo mantinha em reserva.

peer-to-peer - do inglês, par-a-par ou ponto-a-ponto, ou simplesmente P2P, é uma arquitetura de rede onde a comunicação é direta entre seus nós, sem intermediários.

prova-de-trabalho - processo pelo qual os mineradores provam que gastaram energia para propor um novo bloco válido que pode ser adicionado ao blockchain.

recompensa / taxa de mineração - os bitcoins que um minerador recebe por processar transações e proteger a rede Bitcoin.

transação off-chain - uma transação que não é registrada no blockchain do Bitcoin, como é o caso das transações da Lightning Network.

transação on-chain - uma transação que é processada e registrada diretamente no blockchain do Bitcoin.

satoshi (sat) - a menor unidade de bitcoin. 100.000.000 de satoshis são 1 bitcoin.

Satoshi Nakamoto - o criador do Bitcoin.

tecnologia blockchain - sistemas criados para utilizar a inovação do blockchain do Bitcoin em alguma função. Não houve nenhum que tenha sido adotado amplamente além do Bitcoin e algumas outras criptomoedas.

whitepaper - um relatório formal, geralmente acadêmico, destinado a informar o leitor sobre um tópico específico por completo. O documento original que descreve o Bitcoin e seus detalhes técnicos foi apresentado neste formato em outubro de 2008 por Satoshi Nakamoto.

Agradecimentos

Os autores gostariam de agradecer às seguintes pessoas por emprestarem seu tempo e experiência ao que, de outra forma, seria um empreendimento muito mais desafiador:

Leigh Cuen
Sam Corcos
Nick Foley
Irl Nathan
Jane Song Lee
June Park
Rodrigo Linares
Jan Čapek
Nick Neuman
Tomiwa Lasebikan

Também gostaríamos de agradecer às seguintes pessoas por nos apoiarem durante nosso sprint de escrita:

Bill Barhydt
Daniel Buchner
Cryptograffiti
Jill Carlson
Juan Gutiérrez
Han Hua
Ben Richman
Bill Tai
Mike Youssefmir
Sebastien Lhuilieri

As seguintes pessoas nos informaram e nos inspiraram ao longo dos anos:

Nick Szabo
Andreas Antonopoulos
Jameson Lopp
Elizabeth Stark
Marek Palatinus
Pavol Rusnak
Michelle Lai

As seguintes organizações nos incentivaram a escrever este livro:

Blockchain Capital
BloomX
BuyCoins Africa
Casa
Human Rights Foundation
Open Money Initiative
University of Texas

E, é claro, somos muito gratos a Tim Chang por nos deixar usar sua casa maravilhosa e, mais importante, nossas famílias e entes queridos por nos apoiarem.